Creating H Digital World

哈佛媽媽的聰明3C教養法

3C如何影響0～25歲成長荷爾蒙？六週聰明科技習慣養成計畫

精神科醫師×腦神經科學家 **席米・康** Shimi Kang, M.D.／著

suncolor 三采文化

致我親愛的父母

吉安・廓爾（Gian Kaur）

馬奇亞特・辛・康（Malkiat Singh Kang）

感謝你們指引我走向身心合一、奉獻和積極正向的道路。

願所有父母都能引導孩子們領悟這些真理。

認識你自己，愛你自己。

KNOW THYSELF. LOVE THYSELF.

目錄

引言

3C對孩子到底是好是壞？

不論在溫哥華、上海、奧克蘭或紐約，我總是會聽到類似的問題：使用3C的時間，多久才算恰當？我要怎麼限制孩子使用3C的時間？電玩對小孩來說是好是壞？我應該買手機給我的九歲孩子嗎？

我想，這應該也是你看這本書的原因。直覺告訴你：數位科技影響了你孩子的行為和情緒，你本能地感到不太對勁。

這種感覺其來有自，因為你看到了許多顯而易見又需要防範的狀況，例如：你兒子打電玩的時間愈長，似乎就愈容易分心，也更為孤僻和易怒；你十幾歲的女兒經常在社群媒體上看到朋友多采多姿的生活，這似乎讓她心情低落；你15歲孩子的手機不斷因為各種通知而振動，但好像沒看過他的朋友來家裡玩過。

儘管如此，你還是看到一些報章雜誌向你保證這沒什麼好擔心的。《富比士》曾說：「孩子盯著螢幕看，可能不比吃洋芋片還糟。」《企業報刊》（*Inc.*）提到：

「被父母限制使用3C的孩子在大學的課業表現較差。」《衛報》則說：「兒童使用社群媒體，對幸福感的影響『微不足道』。」

這還只是其中一部分與我們直覺相左的訊息。但沒想到，原來散播這些訊息、使人困惑又遲疑的來源，正是出售3C、讓我們的孩子沉迷於網路平台和App的那群人。最近，我在一場大學研討會上結識了某位小組成員，他認為我們過度擔憂了科技對兒童的負面影響，但我發現，他的研究有部分是由一家無線網路的跨國大公司所資助。

幾年前，當臉書考慮讓13歲以下的兒童使用網路的消息洩漏時，非營利組織「安全連線」（ConnectSafely）的董事們讚許了這個行動，但後來卻發現該組織的金主不是別人，正是臉書！（如你所料！）

另一方面，也有媒體頭條散布恐懼，傳達出大不相同的訊息。《今日心理學》（*Psychology Today*）說：「盯著螢幕太久會讓孩子喜怒無常、瘋狂又懶惰。」《紐約時報》談到：「矽谷開始出現反對孩子使用3C的黑暗共識。」《紐約郵報》則說：「父母讓孩子玩了一年的智慧型手機，毀了孩子的視力。」外界的各種訊息充滿矛盾，而且往往相當極端，讓人頭昏眼花，難怪家長會手足無措。

但3C對兒童與青少年發展的影響不僅僅是「好」或「壞」這樣簡單的二分法，現實的情況更加微妙。以錯誤的方式使用3C，會對兒童和青少年造成極大的傷害；但如果能以正確的方式使用，則會帶來許多好處。

身為哈佛培訓的精神科醫師，我專攻青少年成癮症。過去二十年來，我持續研究關於孩童健康、幸福和動機的主題；近十多年我也鑽研了3C對孩童心智的影響。針對Z世代（1995年至2012年出生的人）所做出的研究數據，真是令人不寒而慄。

這個世代的人比較缺乏自信，他們不喜歡冒險、不想學開車，也不太敢對抗惡霸。在過去十多年中，這個世代的憂鬱症和自殺率不斷攀升，幾乎是緊跟著智慧型手機興起的軌跡。他們的焦慮感和孤獨感已經達到相當危險的程度；事實上，世界衛生組織預測這一代人面臨的頭號流行疾病，結果令人出乎意料，竟然是孤獨！

此外，有鑑於青少年的心理健康急劇惡化，美國兒科學會（American Academy of Pediatrics）正大聲疾呼，應該全面讓12歲的孩童接受心理健康篩檢。

有鑑於此，我認為事態緊急，我們養育的這個世代正面臨了有史以來最嚴重的心理健康危機。

但矛盾的是，如果3C科技真的一無是處，我們也不可能看到一群孩子認真投入，發起史上最大規模的環境抗議活動——2019年9月的全球氣候罷課遊行；同樣地，我們也不會在2018年看到，美國佛羅里達州的道格拉斯高中發生校園槍擊事件後，倖存者策劃全國學校罷課日來抗議寬鬆的槍枝法規。

如果沒有社群媒體，Podcast主持人傑．謝帝（Jay Shetty）、喜劇演員莉莉．辛格（Lilly Singh）或藝術家露比．考爾（Rupi Kaur）都不會出現在我們眼前。當你的孩子開始學習Podcast、Vlog和使用社群媒體時，他們正在獲得新的技能和動力，得以了解自己的真實心聲，加以淬鍊，再散播給全世界。

問題是，我們並沒有太多時間來了解孩子們可以如何安全地使用科技。大腦在青春期會歷經爆發性的成長，而這也正是孩子們開始沉浸在3C裡的時期。額葉這個腦部組織能讓我們自省自問：「這樣做真的好嗎？長遠來看，會有什麼後果？」但在青春期，這個大腦的「控制中心」卻尚未發育成熟；同時，年輕的大腦喜歡冒險和尋求新奇的事物，也需要同儕的認可和社交連結。

在這個熱愛冒險、喜歡新奇事物、渴望受人愛戴的急速發展期，青少年因為神經系統尚未發育完全，還不懂得如何做長期計畫，行事也經常不計後果，因而容易感到茫然、痛苦，甚至遭受創傷。

此外，各種新的App、平台和科技設備以令人眼花撩亂的速度問世，即使我們想好好研究之後再為青少年提供適當建議，也會變得非常困難，甚至可說是不可能的。

身為父母和教育者，我們的部分職責是讓孩子做好準備，以利日後步入外頭的世界：像是為了讓他們養成終生受用的健康飲食習慣，我們會管控他們的飲食，並幫助他們區別有益和有害的食物。現在，我們也該這麼對待3C，也就是說，從小就讓孩子理解，這些科技會如何影響他們的思考、感受和行為。

我們必須告訴孩子，哪些科技能促進大腦的發展，就像告訴他們哪些食物能促進大腦發展、讓他們更加健康幸福一樣。我們也應該告訴他們，某些電玩和社群媒體平台這類有害的科技，會讓他們感到悲傷和焦慮。

當然，我們也可以讓他們知道，偶爾接觸一些垃圾科技，不管是電玩或無腦的電視節目，就像偶爾吃吃垃圾食物一樣，並不會要了他們的命。

如果你想知道，如何引導孩子用健康又平衡的方式使用3C，就必須了解他們是如何看待3C的：像是不同的媒體和App如何吸引他們的注意力？這些產品讓他們有什麼感受？又如何改變他們的大腦和行為？這些正是你將在本書中獲得的資訊，而且我保證讀起來平易近人。

怎麼使用本書？

不論你是為人父母，或是繼父母、祖父母、養父母、老師、治療師、教練，或是身為孩子生命中任何其他重要的角色，這本書都很適合你。為了便於閱讀，我在書中只用「父母」這個詞彙，但我說話的對象是所有必須負擔養育、支持和栽培孩子這項辛苦又重要的工作的人。

雖然本書提到的科學理論和實踐方法適用於所有年齡層，但我會特別著重在出生後到25歲之間——科學認為這是大腦發展的黃金時期，尤其是大腦在青春期會劇烈變化。有時候，例如我談到電玩或社群媒體時，你或許會覺得我的建議是針對十幾歲的孩子；有時候，你或許會覺得我的某些對策是針對年紀更小的族群。不論如何，你可以根據我的建議來調整成適合你孩子年齡層的做法。

只有你最了解怎麼和自己的孩子對話，也懂得隨著他們的成長和改變來調整對話方式。書中的建議只是一些基本觀念，如果你能不斷和孩子溝通，並年復一年地依循這些建議持續下去，那麼就能獲得最好的成果。

我將用接下來的篇幅說明簡化後的神經科學基礎概念，並提供你各種引導孩子的策略。我的目標是讓孩子遠離那些會讓他們感到壓力、暴躁、上癮、焦慮和沮喪的科技，並讓他們接觸比較有益的3C產品，讓他們變得更有創造力、更加健康快樂，並與他人建立更多的連結。

我常常提醒家長，不需要害怕科技會對孩子造成傷害。你只要遵照書中方法，就能讓孩子學會以正當、自主的方式使用3C，幫助他們解決生活帶來的各種問題。尤其經歷了新冠肺炎之後，我們更是了解到，適當運用3C可能成為現代世界持續蓬勃發展的重要關鍵。

本書第1章介紹3C如何影響發育中的大腦，又會為孩子的健康、行為和人格特質帶來什麼後果。第2章探討童年建立的習慣，會替孩子未來的行為奠定什麼樣的基礎。我在這章也會說明，善用孩子的性格塑造期來引導他們盡可能建立健康的習慣，這件事有多麼重要。

第3章會解釋3C如何一步步影響我們孩子的大腦，還有我們可以如何因應這些影響。這個章節將探討電玩、社群媒體、各種科技裝置和應用程式為何能讓孩子的大腦釋放多巴胺，啟動獎勵機制，讓他們盯著螢幕不放。在你了解上癮與獎勵的循環如何運作之後，我將教你怎麼保護孩子不受這些令人成癮的3C戕害。

第4章深入探討過度使用3C會對發育中的大腦造成什麼危害。我將揭露3C能透過許多方式激發皮質醇分泌，讓孩子感受到有害程度的壓力和焦慮。你將會了解有哪些壓力反應，並懂得辨別孩子的狀況，進而學會引導他們運用正向的應對技巧。

科技帶來的影響並不全然是負面的，如果能正確使用，科技也能帶來益處。在第5章中，你將學會如何幫助孩子改善他們的身心健康，像是健身手環、感謝應用程式和音樂播放清單都是有益的3C產品。不過，我們也要督促孩子，即使不用這些產品的時候仍要維持好習慣。

第6章探討需要與他人建立密切關係的人類天性，而科技又是如何以振奮人心的方式幫助孩子與人建立連結，甚至扭轉青少年孤單與沮喪的新趨勢。

在第7章，我們會學到科技如何幫助孩子培養才能與創造力，並透過發展自我認同與個人天賦，進而找到自己的未來目標。

在介紹了科技如何影響孩子的情緒和行為之後，我在第8章將統整所有內容，提供實用的六個步驟來解決我們這個時代最重要的父母課題。最後在第9章，我們將展望未來，思考如何讓孩子們在這個充斥著數位科技干擾的時代成長。也就是說，我們要教導他們進行批判性思考，察覺科技帶來的影響，並懂得變通。

透過這種方式，你將更加了解孩子使用3C會對他們有什麼影響，並學會如何為你的家人準備適合的3C產品。要能在數位世界中持續成長，關鍵其實是了解自己。我的意思是真真切切地了解自己——包括身體和心智實際上是如何運作的，以及什麼會讓我們感到快樂、壓力、絕望和興高采烈。這些知識能讓我們以一種強大的全新方式照顧好自己，並教導孩子也比照辦理。我們將把知識與愛化為充滿創造力、喜悅和滿足感的新能量，賦予孩子和自己。

本書為這個過程提供了一個框架，並用神經科學的角度給予指引。就像一顆小種子能長成一棵巨大的橡樹一樣，在這個瞬息萬變的現代世界中，我們每個人都有成長和茁壯的潛力，而我們與科技的關係，將是成長的關鍵。

1

3C如何影響孩子的大腦？

天知道那對我們孩子的大腦有多大影響！

——臉書首任總裁，西恩．帕克（Sean Parker）

我和家人出去吃飯時，注意到一個熟悉但令人不安的場景：首先是坐在我們旁邊那對甜蜜的年輕情侶，他們連菜單都還沒瞄一眼，就拿出了智慧型手機，並在整個用餐過程中都一直斷斷續續看著手機。

儘管如此，他們還是比附近的一家三口更加專注在彼此身上，那個一家三口的父親和兒子花在數位裝置上的時間似乎比聆聽或彼此對談的時間還多，獨留母親一人陷入沉思。不遠處，就連一個穿著連身褲、一頭捲髮、還在蹣跚學步的孩子，也駝背盯著平板電腦看。那平板可能是他父母的，也可能是他自己的。在我們離開之前，又出現不言而喻的一幕：一名青少年走路時盯著手機看，結果撞上一名餐廳服務生。

別誤會我的意思，我可不是盧德主義者（Luddite，譯註：指反對新科技的人），我本人熱愛新科技。我的手機是我的研究助理、相機和冥想老師，它讓我準時參加會議，並提醒我給孩子們的牙醫打電話；當我坐得太久時，我的手機甚至會要我起來走一走。不過，我有時也喜歡關掉手機，和先生一起散散步，讀一本好書，或是和家人度過一個不受干擾的夜晚。

從餐廳到臥室，從汽車到教室，3C已經成為多數人生活中不可或缺的一部分。回到我們與這些3C產品剛相遇的美好時代，當時的我們認為智慧型手機不會做出什麼不好的事情：我們迎接各種新的應用程式，無論是Uber、Candy Crush（糖果傳奇）、Tinder交友軟體、還是IG，我們都欣然接受並下載使用。

不過，我們現在有了更多新的了解：這些新工具並不像表面上看起來那麼無害。我們通常沒有仔細閱讀這些軟體附屬的規則，沒有想到大多數軟體都在蒐集我們的資料，並追蹤我們在網路上的足跡。但我們現在知道了，這些3C經常操弄我們的決定，支配我們的行為和感受。我們還知道，科學家已觀察到嬰兒暴露在太多3C之下，大腦會出現顯著的變化。

根據美國心理學會2017年（American Psychological Association）編纂的「美國壓力」（Stress in America）調查，48%的父母表示規範孩子3C使用時間是一場持久戰；58%的父母擔心社群媒體對孩子身心健康的影響。我們關心孩子，也知道自己目前使用3C的方式不應該繼續下去。然而，只要我們愈來愈依賴智慧型手機來消磨時間，並讓它控制我們的感受和行為，那麼我們當中的許多人都只會讓孩子步上後塵罷了。

手機成癮症現在十分普遍，因此衍伸出許多相關用語。我們家在餐廳吃飯那晚，人們phubbing（電話＋冷落）他們的親人；technoference（科技＋干擾）的狀況讓一個黏在平板上的小孩聽不到媽媽說話，直到媽媽生氣才有反應；而撞到餐廳服務生的青少年就是所謂的smombie（智慧型手機殭屍）。對於華語人士來說，那個青少年就是「低頭族」，也就是堅持邊走邊傳訊息或玩遊戲的人。為了保障低頭族的安全，中國甚至還在重慶和西安這兩座城市為他們建造了獨立的人行道。

在我們全家要離開餐廳之前，服務生跟我們說，看到我們的孩子在用餐過程中可以一起好好談天，真是太好了，他不記得上次看到這種景象是什麼時候了。他說通常都只看到孩子和父母專注在自己的螢幕上。當我聽到這句話時，擔憂湧上了心頭，但我其實並不意外。

3C如何影響孩子？

給低頭族設置人行道或許有點誇張，但現在大多數的青少年每天會查看手機150次，也就是每六分鐘一次。除了上學和寫作業之外，他們每天花超過七小時在智慧型手機上。正如紐約大學行銷學教授亞當・奧特（Adam Alter）所指出，這意味著孩子在一生中，至少要花七年盯著手機看。細想一下，這可是七年的光陰啊！有鑑於我們使用手機的時間愈來愈長，我認為最終累積起來的時間可能遠遠不只如此。

現在的孩子使用3C的方式對他們的心智發展其實非常無益，例如：他們會無意識地瀏覽四、五個應用程式，滑著永無止境的貼文，同時在背景播放籃球比賽。這種狀況顯示他們的大腦總是忙碌著，這反而會讓他們反應遲鈍、神經兮兮，並變得焦慮不安。智慧型手機在現代可說是伸手可及，所以許多人從來不需要記住任何事情、想出什麼新點子，也不需要想方設法來排解無聊，也不懂得怎麼好好放鬆。

新研究甚至顯示，智慧型手機和螢幕可能會改變兒童大腦的結構和功能。２０１９年發表在《美國醫學會兒科醫學期刊》（*JAMA Pediatrics*）上的一項研究特別令人震驚：腦部掃描顯示，幼兒在螢幕前待的時間愈長，其大腦的「髓鞘化」或「白質完整性」愈低；進一步的測驗則顯示，這些兒童的識字和語言技能也較為低落。

髓鞘（因為是白色，所以常被稱為白質）是在神經周圍形成的絕緣脂肪層，就像電線周圍的絕緣層一樣，可以保護神經元，並幫助神經元更快、更準確地發射神經訊號（電脈衝）。

在幼兒大約18個月時，連接布洛卡區（Broca's area）和韋尼克區（Wernicke's area）的神經通路就完成了髓鞘化（布洛卡區和韋尼克區分別是人類產生和理解語言的關鍵皮質區），這兩個區域的髓鞘化，能讓幼兒從只是理解單詞進展到能說出單詞。

髓鞘在語言發展上具有舉足輕重的地位，2019的研究只是其中一例。事實上，兒童的整個認知功能取決於他們大腦中髓鞘結構的完整性——大腦儲存、檢索資訊，還有將資訊轉化成思想、感覺與行為的能力，全都取決於神經組織有多完整，以及包覆在外的髓鞘有多厚實。當髓鞘過薄或受損時，神經將無法正常發射訊號，電脈衝會減緩甚至停止，引發身心失衡和神經上的問題。

使用3C隱含了無數風險，包括網路霸凌、睡眠不足、姿勢不良、背頸疼痛、久坐不動、肥胖、孤獨、視力下降、焦慮、憂鬱、對外表不滿意和成癮等。這些都會從根本上改變孩子，破壞了與他人產生連結、獨立自主乃至繁衍下一代等最原始的人類渴望。

他們知道我們不知道的事情嗎？

十多年前，科技業的高層主管們率先意識到這個問題。蘋果的 iPad 於

2010年發布後不久，《紐約時報》詢問了蘋果創辦人賈伯斯，他的孩子對於這款新裝置有何看法。賈伯斯告訴記者尼克·比爾頓（Nick Bilton），他的孩子沒用過那項產品，他和太太「限制孩子在家中使用3C」。比爾頓聽了大吃一驚，他後續採訪了多位矽谷的高層主管，並發現他們大多數人不是禁止孩子接觸3C，就是嚴格限制。

比爾頓總結：「這些科技業的執行長，似乎知道一些我們其他人不知道的事情。」現任蘋果公司執行長提姆·庫克（Tim Cook）最近也說，自己禁止姪子使用社群媒體；微軟創辦人比爾·蓋茲拒絕讓他的孩子在14歲之前擁有智慧型手機；他的前妻梅琳達則說，希望當初能更晚一點給手機。

3C本來不是應該讓我們更自由、讓我們彼此之間有更多連結、讓我們有更多時間體驗生活並與所愛之人相處？但這些裝置為什麼卻讓我們的孩子淪為它們的奴隸？事實證明，這全是產品設計的問題。不知從何時開始，許多科技公司的目標似乎不再是把人連繫在一起，而變成了一場競賽：比賽誰能想出最誘人的訊息通知、運用最巧妙的方法讓人們不斷查看自己的手機。

以下就是科技業「注意力經濟」背後的動機：表面上看來是為了幫助你而打

造的免費應用程式、社群網路和搜尋引擎，實際上是為了擷取你的資料，以便將這些資料整理後出售給其他人。目前這個產業的年產值突破上兆美元，藉此蒐集到的資料價值已經超過石油，成為全球最有價值的資產。

人類要為這一切付出的代價非常高昂，3C正在剝奪孩子的時間，一點一滴吞噬掉他們許多年的人生。他們花在螢幕前的每一小時，原本都可以用來和其他同年齡的孩子互動，或是觀察周遭事物並從中學習——與現實世界互動，對健康的身體和社交發展至關重要。

但更令人擔憂的是，這些孩子不一定是按照自己想要的方式生活。原因在於，倘若他們不知道這些科技對自己造成了什麼影響，就有可能無意間讓這些科技掌控了他們的行為。這是一個很重要的問題：是他們在使用科技？還是科技在支配著他們？

就像矽谷的高層一樣，我很早就見識到科技的黑暗面。有些父母會帶著兒子來看我，因為兒子只想打電玩，不想上學、運動，也不想和家人互動。我也治療過許多少女，他們因為爸媽限制使用社群媒體，而用逃家、自殘或自殺等暴力行為來當作威脅。有一次警察打來，請我去為一個男孩看診；他把媽媽鎖在地下室三天，以免有人管他玩一款新電玩。

這些父母感到無助、羞於啟齒，也深受打擊，但不幸的是，這類問題愈來愈普遍，並對世界各地的眾多家庭造成傷害。

為什麼孩子會有這些想法？

無論是看到社群媒體上的刻薄留言，或是被霸凌者壓到牆上，大腦面對主觀認定或實際的威脅，都會出現相同的自動化反應。它會觸發「僵住、戰鬥或逃跑」的生理反應，讓你的身體為即將到來的攻擊做好準備：你的心跳會加快，血液開始奔流，注意力也變得窄化而集中。

我想說的是，孩子在某些時刻的感受，可能無關乎該情境發生在螢幕上還是現實中；相反地，這些感受取決於他們的體驗觸發了哪些「神經化學物質」。多巴胺、皮質醇、腦內啡、催產素和血清素常被稱為「身體的化學信使」，它們是調節孩子生活的五種關鍵神經化學物質，會影響孩子的感受，讓他們感到精力充沛或無精打采、與他人關係緊密或孤單，或是快樂或難過，也能讓他們認真過活或變得渾渾噩噩。這些激素在每個人身上都會引發特定反應，透過了解這些激素，我們可以幫助孩子學會如何養成健康的習慣，進而讓他們感到滿足與被愛，覺得自己受到重視也擁有力量。

現在讓我們更仔細地看看這五種神經化學物質。當你閱讀下面的敘述時，請試著想像，如果這些神經化學物質失衡了會是什麼感覺？如果這些健康的基石被人鎖定、操弄，造成機能失調，會對我們的身體、想法和社會產生什麼後果？

1. **多巴胺**（dopamine）會讓我們產生動機，並給予我們即刻的愉悅感做為獎勵。它的釋放主要來自於能促進物種生存的活動，例如：狩獵、採集以及與他人建立連結。不過，由於我們現在的生活已經和史前人類大不相同，所以狩獵活動可能就被電玩中的升級活動所取代，而採集、與他人建立連結可能就由蒐集社群媒體上的按讚數來取代。

2. **皮質醇**（cortisol）和壓力反應讓人產生的感覺，會和遭受攻擊時相同。當危險出現時，皮質醇和壓力反應會促使我們僵住、戰鬥或逃跑以求脫身。這會讓我們的心率和血壓飆升，長期下來可能造成失眠、體重增加和腸道問題，免疫力也會因此下降，骨骼發育也受到影響。

3. **腦內啡**（endorphin）會帶來平和、寧靜、幸福和愉悅的感覺。有氧運動、開懷大笑和親密行為等活動都能釋放腦內啡，有助於對抗焦慮、壓力和疼痛。腦內啡可以在我們面對生活之苦時提供慰藉，讓我們有餘裕去創新和嘗試新事物。

4. **催產素**（oxytocin）會帶來安全感和被愛的感覺，當我們與他人共度時光，或是我們獲得社會認可、感受到羈絆與親密感時，催產素就會釋放。催產素促使我們去信任和幫助他人，也讓我們尋求陪伴，並學習去愛。

5. **血清素**（serotonin）會帶來滿足感、幸福感，並讓人充滿自信。當我們活動身體、參與正向的人際互動、曬太陽，或是做自己喜歡的事情時，血清素就會釋放。血清素激勵我們嘗試新事物、進行創新，也促使我們努力贏得他人的敬重。

你在家裡肯定也有發現，手機、線上遊戲和社群媒體確實透過某些神經化學物質改變了孩子的心理。有時改變是好的，例如當你的孩子與祖母透過Skype（線上通話與聊天軟體）聊天時，他們會感受到與祖母之間的羈絆與連結；但有些3C則會創造出低價值但充斥著神經化學物質的回饋循環，改變了發育中的大腦結構，讓孩子想透過3C獲得更多這些物質，而不是想從現實世界獲得快樂。如果使用3C的時間過長，會造成以下狀況：

- 分泌過多皮質醇，達到有害的程度，引發壓力反應。
- 渴望過多的多巴胺，導致成癮。
- 自然釋放的催產素、血清素和腦內啡減少。這些激素都是維持長期健康、讓人感到幸福和成功的關鍵。

這些神經化學物質的釋放，主要由四個微小的大腦結構所控制，分別是海馬迴、杏仁核、腦下垂體和下視丘，統稱為大腦邊緣系統。我們的情緒反應正是由這個系統所生成和控制的。即使某些3C產品能讓孩子們獲得即刻的快感，但這些快感卻不一定能讓孩子感到幸福。休閒類的電玩會讓你的孩子獲得多巴胺，但是過多的多巴胺（或快感）會以犧牲催產素（或親密感）為代價，導致孩子感到孤獨、焦慮和沮喪。為了消除這些感覺，他們會想要更多的多巴胺刺激，所以多巴胺這種神經化學物質正是成癮症狀背後的關鍵。社群媒體中的「按讚」也會讓我們產生多巴胺，不過，當我們負面地將自己與他人進行比較時，同時也會觸發壓力荷爾蒙的釋放。

在接下來的章節中，我們將探討神經化學物質與孩子之間的關聯，看看這些化學物質如何影響孩子的動機、行為、活力、創造力和幸福感；我們也會探討大腦的其他神經化學物質如何讓孩子在使用3C時感到快樂、緊張、創意十足或深受啟發。

我深信科技可以在孩子們的生活中帶來好的影響，譬如說，來自父母的鼓勵簡訊可以讓一整天很不順遂的孩子獲得安慰；一篇關於澳洲野火的臉書貼文也可能會引發關注，激發你的孩子去思考自身小天地以外的世界。總之，將3C視為絕對的好或絕對的壞，都不合理。如果你可以教導孩子，如何在網路上和日常生活中啟動那些讓他們更有力量的神經化學物質，這不是很好嗎？而這，正是我在本書中要教你的。

請記得，為人父母的我們早就做過類似的事情了，我們並不是第一次得搞清楚怎麼教孩子使用強大的新技術；同樣地，這也不是人類歷史上首次迎接技術創新帶來的重大改變。

➜火的力量

雖然在數位科技的時代，新事物常讓父母感到壓力，但這與我們過去歷史上的許多重大轉變並沒有太大的不同。請想想火的發現，那是人類進化史上的一個分水嶺。火帶給我們光明和溫暖，還可以驅逐熊、大型貓科動物和其他夜間掠食動物。火讓早期的人類（直立猿人，我們所知最早的用火者）能從樹上移居地面，並安穩入睡；火將人們聚集在同一處吃飯和取暖，讓人聯繫在一起，形成了講故事的傳統，並為人類社會奠定了基礎。

在這些革新之中，最重要的禮物可能要算是烹飪技術的誕生了。學會烹飪之後，人類可以清除食物中的寄生蟲和細菌，大大降低死亡率，並大幅延長壽命。我們的靈長類祖先在過去的大部分時間裡，都只能啃食樹根、樹葉、莓果和樹皮來獲得足以保命的卡路里，只要想想這點，就會發現烹飪技術的誕生可說是一大變革。

煮熟的食物減少了在進食和消化過程中浪費的時間和精力，使原始人更能善用體內的能量，從餵飽肚子變成餵飽腦子（即使在休息時，大腦也會消耗我們25％的能量）。這讓人類的大腦迎來爆發性的成長，最終形成了地球上已知最先進的神經系統。這個系統擁有超過一千億個神經元，負責處理我們的每一個想法、行動和反應。簡而言之，火讓我們進化到下一個階段，成為今日這個複雜、聰明、富有同情心和創造力的人類。

時代之火

一如火焰，矽谷及其他地區正在研發的創新3C產品，對人類也具有顛覆性的影響。這麼說一點都不誇張，科技使我們能將人類基因組進行排序，並找到化石燃料的可行替代品；不久之後，科技甚至能讓我們抵達火星，也可能決定了我們進化的下一個階段。

但水能載舟，亦能覆舟，科技就像火一樣，也有能力摧毀我們。我想，遠古時代的家長對於讓孩子接觸火這件事，恐怕也會不安；但他們也知道，掌握了火，才能掌握成功和生存的關鍵。所以我能想像，那個時代的父母或許會帶著孩子到漆黑的田野，讓他們看看如果不謹慎控制火，野火將會如何在乾燥的大草原上盡情肆虐，把人、動物和整個原始村落都無情吞噬。他們可能也會和孩子解釋，如果離火焰太近，會被灼傷肺部，同時也會教導孩子如何擊石取火。

今天的父母面臨了類似的困境：我們知道孩子的成功有賴於善用多種新科技，但我們也害怕隨之而來的風險。我們不應該自欺欺人，一面放任孩子使用這些3C，一面祈禱他們不會看到露骨又暴力的色情片；我們也不能單純只是禁止孩子玩《俠盜獵車手》或開設IG帳號。他們需要我們的幫助，引導他們健康地使用3C，並遠離會引發壓力、導致他們陷進網路世界的應用程式和電玩。我們需要把孩子帶回大自然。

我們得讓孩子知道，不斷觀看朋友們看似多彩多姿的貼文會讓自己感到很貧乏，尤其是當他們情緒低落的時候，而這可能會降低他們的學習表現和交友能力。他們愈是依賴按讚、轉發和分享，就愈容易分心、焦慮和沮喪。他們需要了解自己在網路上很容易遭遇霸凌，也很容易對手機和電玩上癮。

➔ 不要驚慌

不過，我們不需要過度擔憂。《紐約時報》曾報導，有些家長已經開始聘請輔導老師，幫助他們教出「不使用手機的孩子」。這些所謂的「3C產品顧問」會負責提醒父母在智慧型手機出現之前，人們是如何教養孩子的。相信我，其實你不需要3C產品顧問。

我將提供你最好、最新的神經科學理論，淺白地解釋孩童的大腦和神經系統如何運作，以及孩子可以如何獲得成功。一旦你真正了解3C能帶給孩子什麼感受，就可以將健康飲食的原則應用到3C上，為我們這個時代最重要的教養問題定出熟悉又好懂的計畫。

請記住，智慧型手機出現在我們身邊只有20年左右，所以我們才會如此不知所措。或許你還沒發現，但我們的確生活在一個充滿干擾的時代。我們經常一個人待在室內，整天弓著背盯著螢幕，而這並不自然。過去一萬年來，我們都是務農為生，每天在戶外與其他人並肩工作。在那之前的七萬多年，我們是狩獵採集者，生活在部落之中，日出而作、日落而息；我們整天都在活動，與大自然、他人之間有著強烈的連結。

但別擔心，我們可以回到最初，不管出現多少3C產品都可以。

我相信科學，也相信研究，我相信我們能培養出聰明、快樂、堅強又能充分發揮潛力的孩子，而且我認為大多數事物只要適度就算合理。我對使用各種3C的指導原則就是：不要驚慌，並聽從自己的直覺。

請深呼吸，我們將一起度過難關。

◎小提醒

- 多數青少年每天查看手機150次，這讓他們變得反應遲鈍、神經質又焦慮不安。
- 智慧型手機和3C可能會改變兒童的大腦結構和功能。
- 過度使用3C會從根本上改變孩子，破壞我們與他人產生連結、獨立自主、繁衍下一代等最原始的人類渴望。
- 孩子在特定時刻的感受，取決於該項體驗觸發了哪種神經化學物質。
- 多巴胺讓我們產生動機，以即刻的愉悅感做為獎勵。
- 皮質醇和壓力反應讓人產生的感覺，會和遭受攻擊時相同。
- 腦內啡會產生平和、寧靜、喜樂或亢奮的感覺。
- 催產素會產生安全感和被愛的感覺。
- 血清素會產生滿足感、幸福感，讓人感到自信與自重。

2 小小習慣，蘊含驚人威力

重複的行為使我們有所成就，因此卓越不是一個行為所促成，而是習慣的累積。

——亞里斯多德

當我懷上第一個孩子時，我以為自己已經充分準備好當媽媽了。當時我33歲，是一名醫生，多年來一直與產後母親、孩子和家庭密切合作。我曾幫助我的四個哥哥、姊姊照顧他們不同年紀的孩子，我讀過所有經典的育兒書，並訂閱了所有新的熱門部落格。當我美麗的男孩喬許出生時，我感到十分喜悅。

我在2005年當了媽媽，那一年使用網路的人口達到十億，有時我覺得好像能在網路上找到我需要的一切資訊，但有時又感到網路上的資訊太多，而且充滿矛盾、似是而非的論點。科技無所不在，並且似乎能為我們帶來無窮的希望。有人送了我一套《小小愛因斯坦》（*Baby Einstein*）的DVD，我每一集都播給喬許看，希望他能受到愛因斯坦的一些啟發。

在喬許大約12個月大時，他的體重開始大幅滑落，每個星期都持續下降。他的體重從同年齡層的第85百分位下降到了第5百分位，原本快樂、圓潤的寶寶基本上已經不吃東西了，我餵他吃飯的時候，他會抿緊嘴唇，並把脖子和臉轉得遠遠的。我帶他去看了當地兒童醫院的醫生、專家和營養科，得到的建議多半是「他不太可能故意讓自己挨餓，所以只要逮到機會就餵他吃東西」。除此之外，沒有人能給我更好的答案了。

於是我用盡一切手段，包括唱歌、拿玩偶陪他或變化各種菜色。有時為了想讓喬許吃進幾口食物，廚房熱鬧得像馬戲團一樣。喬許不吃東西這件事讓我備感壓力，也十分無奈。

有天他的堂兄們來家裡玩，他們開始看《海底總動員》這部電影，喬許也看得目不轉睛。當他看到會說話的鯊魚時，驚訝地張開了嘴巴，我趁機塞了一口食物泥，因為他忙著看電影，便把食物吞了下去。我又餵了他滿滿的幾匙，就像出現奇蹟一般，他全都吃進去了。這是我第一次不用為了想讓他吃進半根香蕉泥而擺出大陣仗，我只需要幾分鐘的迪士尼影片，我的孩子就獲得了營養。

當時我不知道喬許為什麼不吃東西，但現在回想起來，一切都說得通了。喬許現在是個青少年，討厭軟爛或泥狀的食物，所有稠狀的東西他都不喜歡，包括醬汁乃至是濃湯。當然，當他還是個嬰兒時沒辦法告訴我這些，而且當時他的牙也還沒長齊，多半也只能吃軟爛的食物。所以在他體重回升之前的幾個月裡，我就靠著讓他看影片來餵他，他的嬰兒高腳椅通常會放在客廳的電視機前。我當時急切又疲倦，還懷著第二胎，不知道還有什麼更好的辦法。就算我知道有更好的辦法，當時的我也不想去思考。

為人父母者可能沒有意識到3C對孩子的影響，因此我們才需要科學和研究來幫助我們作出更明智的決策。有時我們用3C做為輔助是希望能讓生活更輕鬆，而這些科技在某些情況下也的確可以拯救我們。因此，雖然我們不應該責備偶爾給孩子平板來安撫他們的人，但仍然應該記住一件事：**有些東西在短期內能讓你更**

輕鬆，卻會在日後讓你更辛苦又變得一團亂。雖然當時在電視機前餵喬許很管用，但也可能會養成他吃飯漫不經心的習慣。這些壞習慣一旦養成了，就可能會帶到生活的其他面向，像是寫作業或與人交談時也變得不容易專心。

我無法讓時光倒流，但我可以檢視自己的行為，並從過去擷取教訓。我們大家都可以提供想法、策略和協助，共同支持家長、教育工作者和其他與孩童互動的人。我們必須建立這種相互支持的社群，因為我們對所有孩子都有相同的期望，都希望每個孩子能展現自己的獨特性，並發揮完整的潛力。

我們的一生只不過是各種習慣的累積

你的孩子恐怕昨天解鎖手機150次，但這並非深思熟慮後的結果，而是出於習慣，也就是一種我們多數人幾乎都未曾注意或理解的衝動。

我們的習慣是本身下意識採取的行為和動作。我們的每一次的經歷、思想和感覺都會觸動成千上萬的神經元，並在我們的大腦形成神經迴路。我喜歡將這些神經迴路視為林間小徑，是經過反覆穿梭而形成的。隨著時間流逝，當我們重複某些行為時，就會強化這些神經迴路的軌跡，讓這些路徑變得更好通行，使得通知我們啟動這些行為的訊息也能傳遞得愈來愈快。一旦重複的次數夠多，這些行為就會變成自動反應。

新習慣之所以難以啟動，是因為它們只是神經元叢林中的一條狹窄小徑。未知的小徑會讓人感到危險或疲憊，而我們往往不想離開熟悉的道路。

回想一下你第一次學綁鞋帶的樣子，一開始肯定手忙腳亂，需要全神貫注才能綁好。不過，經過足夠的練習之後，每次穿鞋子時，大腦就會切換成自動駕駛模式。即使是一開始看似難如登天的事情，像是彈鋼琴、說法語或操作新的電視遙控器等，在我們做過很多次之後也會習慣成自然（等一下，遙控器對我來說可能不行，我大概永遠得靠小孩幫忙了）。

這一切都是因為我們的大腦會不斷尋找捷徑，讓我們不需要全神貫注就能執行複雜的任務，這樣大腦就不需要那麼辛苦地工作，能將注意力轉移到其他更緊迫的事務上。畢竟要是每次刷牙或煮咖啡都必須聚精會神，我們就永遠沒時間去思考其他事情了。

從我們醒來的那一刻到上床睡覺前，我們的思緒大多處於自動駕駛模式。根據杜克大學研究人員在2006年所做的一項研究，我們每天的活動中有超過四成都只是習慣。心理學家先驅威廉・詹姆士（William James）在1892年曾說過：「我們的一生，儘管有具體的外在樣貌，卻只不過是各種習慣的累積。」

改變是可能的

多年來經常使用的神經迴路的確會變得更強大，與其相關的行為通常也是在無意識的狀況下完成的，這種現象被稱為赫布定律（Hebbian rule）——同步受到激發的神經元會串連在一起。這通常也意味著我們年紀愈大，就愈難改變習慣；60歲想養成新習慣，就像想在茂密的叢林中披荊斬棘一般。幸好，孩子的大腦和潛力比我們所知的更有可塑性，也更容易改變。大腦可以形成新的神經迴路，進而改變、忽略和替換習慣。幼童的皮質有更多空間可以容納新的路徑，這表示他們的神經可塑性更高，也更能夠接受改變。

儘管如此，我們仍舊不能只是把好習慣強加給孩子。如果他們感到被迫去做某些事情，就會讓這種習慣產生負面的連結。根據愛荷華州立大學研究人員

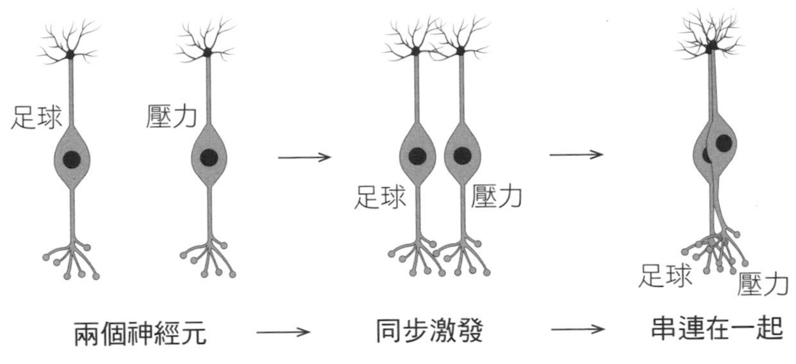

２０１８年的一項研究，我們成年後對運動的感受恐怕可能源自於童年的體育課經歷。這些研究人員發現，對體育課的不愉快記憶會讓我們抗拒運動，那種影響甚至會長達數十年。另一方面，喜歡體育課和對體育課有愉快回憶的人會更樂於運動，也比較喜歡活動身體。

同樣地，如果你強迫女兒每天放學一回家就要立刻練習大提琴一個半小時，那時她正感到疲倦、飢餓和暴躁，可能不會讓她對大提琴產生多大的好感。我在青少年與運動的關係中一再看到這一點，例如某個女孩本來喜歡足球，也展現出踢球的天賦，於是她的父母開始強迫她去參加營隊、接受各種訓練和投入菁英隊員的選拔，最後這個孩子可能就失去了對運動的喜好和熱情。我們得要知道，持久的好習慣必須是自發的，必須來自內心的渴望。我們要是讓孩子對這些事情產生負面的聯想，就會讓他們失去原本的熱情，因而無法展現才華，也不能養成好習慣。

反之亦然，想像一下你在學校裡原本不太喜歡某堂課，後來出現了一位教學非常熱情又活力充沛的老師，這堂課可能就變得非常令人期待。因此，我們只要能配合孩子的狀況，透過好玩、幽默又正向的方式來培養他們的新習慣，他們就能將這些新習慣和愉悅的感覺產生連結。

壞習慣

當然，習慣有好也有壞，而我們的孩子也可能會染上惡習，像是過度追求完美、缺乏耐心、暴飲暴食、一心多用或喜歡拖延等。一旦形成某種習慣，這些神經模式就會被植入我們的記憶庫，也就是稱為海馬迴的大腦區域，這麼一來就可能永遠不會完全消失了。

直到今日，每當我看到喬許在電視機前漫不經心地吃著東西時，我都很好奇這個行為有多少是出自他的自我意識，有多少是他小時候那幾個月一邊看《海底總動員》、一邊吃飯時養成的習慣。不過幸運的是，我們大部分時間都在餐桌旁吃飯，所以他能建立新的迴路來汰舊換新。

除非我們能幫助孩子重新養成新習慣，不然他們的舊習慣隨時會自動開啟。比方說，有些癮君子即使戒菸多年，還是有可能在喝冰啤酒或下班準備開車時出現想點根菸的衝動——不管以前誘發他們想抽菸的事情是什麼都一樣。

而今日3C普及會讓一些壞習慣變本加厲，像是我們可能一整天盯著手機、不和人有眼神接觸，或是坐姿不良、整天坐著不動、整天待在室內、隨時查看手機訊息等等，這些壞習慣說都說不完。

其實，現在因為很多孩子太常使用手機，導致有些人罹患了稱為「重複使力傷害」（repetitive stress injuries）的病症，症狀包括「簡訊指」、「簡訊頸」和「手機肘」等。此外，手機也會損害我們孩子的記憶力，讓他們更難發揮天馬行空的想像力和創造力，同時也影響他們結交朋友和學習社交禮儀的能力，讓他們更容易感到焦慮、憂鬱和孤獨。

如果你的孩子在生氣或焦慮時會拿手機舒緩情緒，那麼他就會把這種不健康的應對機制和這些情緒連結起來。他沒有學習怎麼處理情緒這個重要的成長議題，而是學會逃避，不去面對難過的感受。他不知道如何自我調適心情、面對生活的挑戰和解決問題；當他悲傷或憤怒時，可能會一直盯著螢幕來麻痺自己，但這些情緒會在惡性循環中加劇——也就是說，你的孩子可能會用上網來逃避現實世界發生的事情，但在網路上又發現同儕比他更厲害、做更多事、有更多朋友，這會讓他對自己的感覺更糟，更加想要逃避。

良好的習慣從你開始

你的孩子可能會帶著這種壞習慣進入大學和職場，隨著生活的挑戰增加，他可能會不斷加班、血拚、暴飲暴食、觀看色情片、酗酒或吸毒等，藉著分散注意力來逃避現實。

在我們成長的過程中，每個人都需要學會一套技能來幫助自己順利度過學校和職場的生活，並與他人保持融洽的人際關係。這些技能包括溝通、解決衝突、建立友誼和發展戀愛關係等。但如果你的孩子只用手機交朋友，也只用手機跟男女朋友分手，那麼他們就不知道在現實生活中該怎麼處理這些事情。若要說網路時代帶給我們什麼啟示，那就是無時無刻與大家連上線，其實會讓我們疏於耕耘社交技能這個關乎日後成功的關鍵。

童年時期建立的習慣是未來的行為基礎，所以我們必須善用孩子的成長期，盡早引導他們養成重要的好習慣，並協助他們在成年後加以維持。千萬不要等到你覺得孩子懂事之後才開始，因為孩子的理解力可是比你以為的還要強大許多。請也記住，人類的大腦神經具有可塑性，所以養成習慣或改變習慣永不嫌晚。

我也要先說，養成好習慣這件事，我們是無法替孩子們做的，我們不可能掌控他們的一舉一動。不過，我們也不能就此置身事外，放任他們自生自滅。要知道，孩童很容易受到身教的影響，他們的親身經歷以及與父母師長的關係對他們來說至關重要。因此，我們身為父母，最重要的就是和孩子並肩作戰，在他們遇到人生的挫折時給予關愛、鼓勵、支持和指引。

教養子女的方法有很多種，但我接下來將介紹三種常見的教養方式。當你閱讀下文時，可以想想看你目前比較接近哪一種，以及哪種教養方式看來最能培養出自信又主動的孩子。

■ **專制型父母**自認為最清楚孩子的一切，對外在表現和形象（得獎、成績、外表）有很高的期望，但不在意孩子是否具備善良、樂善好施或自動自發等內在特質。

專制型父母可以再細分為兩種：一種是「專制下令型父母」，即所謂的「虎爸、虎媽」。他們會制定規則與期待，並希望孩子照著做；凡事都是他們說了算，孩子幾乎沒有自主的餘地。另一種則是「專制保護型父母」，或稱「直升機父母」，當孩子遇到問題時，他們會在一旁盤旋徘徊，細密介入，試圖救援。專制型父母的孩子有更高的比例會出現焦慮、憂鬱和追求完美主義的症狀，也比較無法適應變化、難以克服挫折、缺乏韌性。

■ **縱容型父母**處於另一個極端，失衡的程度不亞於專制型父母，我稱他們為「水母父母」，因為他們的教養方式往往欠缺原則與目標。這類父母不懂得給予規則、指導、方向和重點，使得孩子缺乏內在價值觀、不易控制衝動，只想從同儕和媒體尋求指引，並在面對握有權力的人事物時容易產生問題。

■ **權威型父母**是專制型和縱容型兩個極端之間的平衡，他們對孩子有明確的期望，並會在決策過程中與孩子協調。他們被稱為「海豚父母」，因為他們堅定而靈活，就像海豚的身體一樣。他們對於如何教養孩子的內在價值觀和性格有所堅持，但對孩子的興趣、選擇和自我表達卻很有彈性。他們也重視玩耍、群體以及健康又平衡的生活方式。相較於其他兩種類型父母所培養的孩子，權威型父母的孩子在心理健康、解決問題、控制衝動、學業成績、社交意識、適應力和主動性等方面都更好。

對我來說，結果很重要，因此我認為權威型父母的教養方式最為有效。事實上，我還寫過一本名為《哈佛媽媽的海豚教養法》（*The Dolphin Parent*）的書，內容就是說明這一整套的教養方式。

海豚父母會透過良好的身教來教養孩子，善用引導而不是下令，善於鼓勵而不是指揮。我最喜歡的教養例子來自大自然，當海豚寶寶出生時，海豚媽媽會輕輕引領寶寶游向海面，讓寶寶可以吸到第一口空氣；海豚媽媽不是直接將孩子推上去，而是示範怎麼游泳給牠看。在最初的幾個月裡，海豚媽媽會在適當時機對寶寶循循善誘、示範和指導，同時一直待在寶寶身邊，幾乎很少離開。

海豚父母的教養方式之所以如此有效，是因為看重平衡的生活方式，並聚焦在孩子的自我照顧、玩耍、探索、人際連結和對社會的貢獻等面向，所以海豚式教養其實就等同於平衡式教養和直覺式教養。目標都是相同的：讓我們透過親子間的羈絆、身教和引導，培養出充滿好奇心、自信心、與社會有所連結、適應力強大又富有韌性的孩子。

如果我們都能成為完美的榜樣，隨時都能完美地引導著孩子，那將是最理想的境界，偏偏現實不是這樣的。記得有一次，我和孩子們在商場的停車場等待時，我拿出手機使用。他們指責我，說我是「偽君子」。我得跟他們解釋，我不是在玩遊戲或上社群媒體，而是在網路上支付帳單。我也告訴他們，我經常用手機預訂度假時的飯店、幫他們報名活動、回覆患者的電子郵件、閱讀神經科學的相關文章，並為我要寫的書記下筆記等。當然，有時候我的確像個偽君子，會在吃晚餐時看手機，那當然應該受到責備。

當你讀了本書建議的關鍵教養行為並加以實踐，你將能與孩子維持穩固又正向的關係。面對今日無所不在的數位文化，我們有責任幫助孩子了解科技的美妙之處和潛在風險，並協助他們建立正當又有益3C使用習慣。

現代的孩子從出生開始身邊就充斥著3C，網路世界對他們來說就和實體世界一樣地自然，因此，他們需要我們在網路世界的陪伴，一如他們在實體世界中也需要我們那樣。

我們的孩子不僅僅是被動消費3C產品，他們也是主動的參與者、創作者、協同者，甚至可能成為網紅。有些孩子將開箱玩具評論和「看我玩《鬥陣特攻》」、「如何繪製《當個創世神》角色」等影片上傳到自己的 YouTube 頻道，或是將閃亮多彩的「自製史萊姆」影片發布到IG，或是在臥室裡參加全球性的活動。有些孩子藉此吸引了大批觀眾、獲得了大筆金錢，不過大多數的孩子只是在探索新的熱情和興趣，並學習透過多種媒體進行交流——這個技能已經愈來愈重要了。不管你喜不喜歡，這些都已經成為現代教養的一環了。

◎海豚父母的關鍵行為

➔設身處地

當你能設身處地為孩子著想時，表示你真的了解他，而不是你希望他成為誰。

重點在於不管孩子是什麼樣子，你都要接受他、愛他，你和他的關係不只是親子，你也要將他視為獨立的個體來看待。

➔以身作則

當你以身作則時，你就是在告訴孩子，一個人的所作所為和生活方式反映了他是個什麼樣的人；而這也是以真實的自己來教導孩子人生的功課。毋須多說，孩子當然懂得透過觀察來學習，所以我們每天的行為都可能成為他們的榜樣。比方說，如果我們整天手機不離身，就等於是在告訴他們：「這是可以接受的行為」。對孩子來說，你的行為所透露的訊息會遠比你口頭所說的任何事情都更有力也更明確。以身作則就是透過外在的行為來展現你內在的為人，表裡不一是會被孩子看穿的，所以不要用你自己都不相信的事情去跟他們說教。

引導孩子

運用你的知識和權威來教導孩子，同時尊重他們的自主權。懂得引導的父母能帶著孩子認識世界，告訴他們生活會有什麼起落，同時支持他們。這類型的父母可能會這麼說：「孩子，生活有時不一定公平」、「人們會用這些方法解決衝突」、「這是值得慶祝的美好時刻」等等。所謂的引導並不是催促或監控，也不是凡事都要插手或強迫他們去做什麼事；而是表示你接受「孩子的旅程是屬於他自己的」這件事。

教育出為未來做好準備的孩子

在過去幾個世代，一般人的環境相對單純，但現在孩子所要面對的世界則相對複雜。以前的人就是乖乖念書，畢業後找個好工作。當時許多工作只需要中低階的技能水準，而且薪水不錯。但就在上個世紀，這類撐起整個中產階級的工作正迅速消失，而且勢不可擋，同一時間，社會的不均程度卻正在擴大。我們的孩子未來進入職場時，整個社會將面臨前所未見的經濟、社會和科技變革，人工智慧（AI）、機器學習和自動化領域的技術都將突飛猛進，工作和技能的劇烈轉變將影響各行各業。根據麥肯錫全球研究院（McKinsey Global Institute）2018年的一份報告，未來15年內將有三分之一的美國勞工，可能因為人工智慧而轉換工作。

過去從沒有一個時代像現在這樣容易取得資訊，以前是那些獲得最多知識的人最有價值，死記硬背是學生成功的關鍵。但多虧了現代科技的發展，我們不再非得記住九九乘法表、化學公式和各國首都了；學生不再需要知道特定問題的正確答案，他們只要上網查一下就行。今日，知道如何提出正確的問題，並培養電腦無法做的關鍵技能才更為重要，這些技能將幫助學生在人際網絡複雜、競爭激烈、科技導向的現代經濟中取得成功。我們可以將這些技能視為一種為未來做好準備的新智慧，這可以用「CQ」（意識商數，consciousness quotient）一詞來表示。CQ是我在《哈佛媽媽的海豚教養法》中所創造的術語，它與左腦掌控的智商IQ和右腦掌控的情商EQ不同，可以啟發我們整體的智力系統。由於CQ技能是透過具有可塑型的神經迴路所發展起來的，因此，我們每個人都能加以培養。

◎五個CQ技巧

➜創意（creativity）

創意能讓你思考時超越傳統觀念、既定規則和固定的模式、關係，產生原創的新想法。

➔批判性思考（critical thinking）

批判性思考能讓你在開放的心態下進行分析、詮釋、說明和解決問題。知道如何提出正確的問題比知道正確的答案更為重要。

➔溝通（communication）

溝通能讓你透過不同的媒介表達想法，這些媒介包括文章、電子郵件、圖表、社群媒體發文、通訊軟體和數位社群等。

➔合作（collaboration）

合作能讓你向來自世界各地不同背景的人學習，並從中獲得啟發。

➔貢獻（contribution）

貢獻能讓你為團隊帶來價值，並以或大或小的方式讓這個世界變得更美好。

人類歷史正面臨空前劇變，行之有年的系統正在鬆動，而教育、交通、通訊和銀行業務都以飛快的速度創新，此時此刻，CQ的五大要素將幫助孩子成長茁壯。我們不該害怕新科技，而是應該讓孩子能以健康的方式善用新科技，進而蓬勃發展。

盡力而為

請記得，身為父母，我們只能盡力而為。雖然我在很多方面都很幸運，但我的三個孩子之中，有兩個在學習上有很大的落差，而我患有嚴重的疾病，工作上也總是有很多新挑戰。我很幸運先生很支持我，但他自己也有各方面的壓力。我們有帳單要付，自己的身體開始老化，父母又已年邁，還有籃球隊和體操訓練營的事情要忙，這些都讓我們筋疲力盡。有時候在週末，我們會讓孩子在電視前耍廢幾個小時，如此偶爾為之，無傷大雅。

此外，我認為科技也能對孩子帶來很大的益處，比方說某些電玩就成為他們相互聯繫的好方法。當我的兒子在玩《國際足盟大賽》（FIFA）或《勁爆美國職籃》（NBA Live）的電玩時，會和在英國、美國的堂兄弟一起大笑、喝倒采。如果沒有電玩，我想他們不會發展出這樣的友誼，我們必須感謝家裡的這些數位設備，讓他們得以這樣連結。

擁有3C並不是壞事，重點是要教導孩子聰明使用，而不是被產品所控制和消耗。就像生活中的其他事物，我們反覆做的事情累積到最後就是我們的成就。如果你想變成數學或足球高手，勢必要下功夫。因此，我們必須確保科技不會讓孩子脫離現實，並幫助他們練習如何在使用3C時掌握主動，同時充分了解3C雖然好處多多，卻也有嚴重的缺點。

3C就像這個時代的火，而我們得教會孩子如何駕馭。

◎ 小提醒

• 我們的習慣（或說是神經迴路）就像是森林中的路徑，隨著時間，沿著相同神經迴路的訊息會傳遞得愈來愈快，一旦重複的次數夠多，就會變成自動模式。

- 我們的習慣是透過這些路徑，下意識地連結起來的行為和動作。
- 一起受到激發的神經元會彼此相連，因而讓情緒和相關事物嵌入我們的習慣之中。
- 童年時期建立的習慣是日後的行為基礎。
- 孩子的大腦和與生俱來的潛力遠比我們以為的更有可塑性，也更能夠順應變化、正向事件和靈感啟發而產生改變。
- 大腦可以形成新的神經迴路，進而改變、忽略或替換習慣。
- 培養新習慣需要專注、動機、努力和時間。孩子愈大，改變就愈困難。
- 權威型的海豚父母重視親子合作，能引導孩子走上正向的道路，並扭轉錯誤的方向。
- 海豚型的人際互動風格能引導孩子掌握正向心態和生活技能，準備好因應瞬息萬變的未來世界。
- 二十一世紀的新智慧是CQ，也就是溝通、合作、批判性思考、創意和貢獻。

聰明3C教養法

如何協助孩子養成好習慣？

本書中的「聰明3C教養法」篇章會提供許多實用的建議，可用來處理你碰到的3C問題。這裡的建議會經過統整，用最適合你和孩子需求的方式呈現。

目前為止，我們已經探討了一些議題，包括為什麼3C被設計成操縱我們注意力的形式，以及這會如何影響發育中的大腦。另外，我們還了解了習慣的力量，以及習慣如何透過具有可塑性的神經迴路與我們的情緒產生連結。身為父母，我們的職責是引導孩子養成有益的習慣，並遠離惡習，而最好的方式就是採用權威型的海豚教養法，這將引導你的孩子擁有二十一世紀所必備的智慧。

在接下來的內容中，我將建議你怎麼幫助孩子養成正向的生活習慣，並告訴你什麼是讓孩子認識3C的最佳方式，以及哪些早期的習慣能放大科技之利，同時縮小科技之弊。

◎別做的事

- 不要只是因為買得到某項產品，就覺得那是好東西。
- 不要以為所有人都是為了你孩子的最大利益著想。
- 不要期待別人能幫你解決孩子使用3C的問題。
- 不要讓孩子在沒有明確目的、限制和監督的情況下使用3C。
- 不要把3C當作玩具。

◎應做的事

- 盡可能晚一點再讓孩子接觸3C。
- 將3C當作完成任務的工具。
- 剛開始讓孩子使用3C時，不要讓孩子獨處。
- 訂立在家中使用3C的明確規則。

盡早養成良好的生活習慣

神經可塑性是指大腦在人的一生之中進化和改變的能力。你現在知道兒童和青少年的大腦具有高度的神經可塑性，也就是說，在25歲之前會比較容易建立好習慣和改變壞習慣。以下我列出了五項建議，可以提高孩子的神經可塑性和養成好的生活習慣。我承認這些建議看似簡單，但做起來卻不太容易，比方說我很熟悉睡眠科學這個領域，但這不表示我的睡眠總是很充足。

➜ 把睡眠放在首位

當我們睡覺時，大腦會整理日常生活中的重要資訊，這些資訊有助於學習和記憶；同時，大腦也會丟棄不需要的資訊。美國睡眠醫學會建議：

- 4到12個月大的嬰兒，每晚睡12到16小時。
- 1到2歲的孩子，每晚睡11到14小時。
- 3到5歲的孩子，每晚睡10到13小時。

- 6到12歲的孩子，每晚睡9到12個小時。
- 13到18歲的青少年，每晚睡8到10小時。
- 成年人每晚睡7到9小時。

確保孩子有充足的營養與水分

我們的大腦超過70％都是水分，因此即便只是輕度脫水，也會損害其功能。要讓大腦維持最佳狀態，需要各種健康的食物，而經驗告訴我們，未經加工的天然食物最為健康。由於腦部組織大多是脂肪，因此孩子也需要攝取健康的脂肪，像是來自魚類、堅果和酪梨的Omega-3脂肪酸。雖然現代人對食物的好壞有許多爭論，有些人更是過度執著於所謂的「正確飲食」，但我們應該謹記在心，吃東西永遠不應該有壓力，否則你和孩子的身體都將開始釋放壓力荷爾蒙，抵銷健康飲食帶來的好處。另一個重點則是要盡量減少對大腦健康產生負面影響的物質，像是阿斯巴甜和加工的糖都是對大腦不好的東西。

➜ 孩子需要有氧運動

有氧運動可以促進孩子的心肺運轉，例如跑步、爬山或是騎自行車都很有幫助。當孩子的心率加快、呼吸急促也無法好好說話時，他們會處於健康的「有氧區間」，流向大腦的血流量和氧氣量會增加，進而促進神經元的生長。六歲以上（含）的兒童和青少年每天至少需要一小時的身體活動，而且最好是適度或稍微劇烈的有氧運動。孩子還需要每週至少三天做做能強化肌肉和骨骼的運動，像是爬樓梯、單腳跳、雙腳跳、跳繩和跳舞等。當我們的身體活動時，腦力也會跟著活躍起來，因而有助於學習。此外，如果你的孩子在小時候就養成了活動身體的習慣，長大後也比較會持續下去。

➜ 讓他們玩！

所有哺乳動物都是透過玩耍來學習的，無論是黑猩猩、小狗還是兒童皆然。在遊戲中學習基本上就是在反覆試驗中獲得樂趣，孩子會找出最適合自己的方法，也學會接受不確定性的出現。理想中的遊戲不需要條理和架構，可以讓孩子在不會被評價或衡量表現的情況下盡情嘗試，如此才會使學習既安全又有趣。因此，父母盡量不要去分析孩子打球的每一個動作，不要評論他們講故事的細節，也不要替他們的藝術作品打分數。

➜愛會讓心靈充滿力量

孩子在安全、被支持、充滿愛的關係中學習得最好。當他們感到安全又與他人連結時，壓力會減輕；但若感到孤獨或恐懼，壓力則會增加。請記住，愛並不表示要讓他們隨時隨地為所欲為，不然就變成縱容型的教養方式了。他們需要權威型父母無條件的愛，但必須對他們的行為有明確的限制和規範，那樣孩子才能感到安心，並獲得情感連結。愛、正向樂觀都能促使他們大腦中的神經纖維長出更多連結，而這些纖維在提高認知功能方面扮演關鍵角色，所以如果你希望孩子聰明、快樂和強壯，那麼就愛他們原本的樣子吧。

為孩子養成良好的3C使用習慣

現在你大致知道習慣如何形成，我們就來看看怎麼在家中養成3C好習慣吧。

➔讓孩子晚點開始用3C

你可以做的第一件事就是盡可能延遲孩子開始使用3C的時間，讓他們先有空間培養重要的生活技能和習慣，這將為他們日後的健康、幸福、行動力和成功打下基礎。

如果在他們認識3C之前沒有掌握以下要談的三項技能，你的孩子可能會將這些技能與3C使用連結起來，進而帶來麻煩。比方說，如果孩子是透過3C學會與朋友聯繫互動，他們就會激發並連接相關的神經元，讓社交技能變得依賴3C，可能對於在現實生活中和朋友互動感到不自在。因此，在他們透過網路來完成這些連結前，必須先鼓勵他們在現實生活中建立良好的友誼和情感連結才行。同樣地，如果他們在學會管理時間或調節情緒之前就開始接觸電玩，他們更有可能在打電玩時情緒失控或用電玩來掩飾或逃避自己的情緒。

讓孩子認識3C之前，請先鼓勵他們建立、掌握和維持三項關鍵的生活技能，分別是情緒調控、社交技能和時間管理。如果你面對以下三個問題都能給出肯定的答案，那麼現在就是讓你的孩子認識3C的時機了。

1. **情緒調控**：孩子能否感受和調整自己的情緒？

2. **社交技能**：孩子能否用自信又合作的態度與人面對面互動？

3. **時間管理**：孩子從事有趣的事情時，是否知道適時打住，並懂得替睡眠、運動和學習安排適當的時間？

➜如何安排3C時間？

家長最常問我的問題就是：「我的孩子可以花多少時間使用3C？」雖然我希望能提供一個具體的答案，但事實上每個孩子、每個家庭、每種情況都是不同的。儘管我們必須堅決不讓3C造成傷害，但在日常生活的使用上則應該更加靈活。以下是我的一些建議：

- 絕對不建議兩歲以下兒童使用3C。
- 對於二到五歲的兒童，每天使用3C的時間應該限制在一小時以內。但是請記住，最好盡可能延緩孩子開始使用3C的時間，因此如果你在這個階段可以避免讓孩子接觸3C，那還是最佳選擇。

對於其他年紀的孩子，應該要依照日常生活的活動，有目的性地安排3C使用，而不是受3C的牽制來安排生活。這樣孩子長大之後才會以現實生活中的活動為優先，並了解3C在他們的日常生活中應該扮演的角色。你們可以這樣安排一天的日程：

1. 拿一張有畫線的紙。
2. 框出其中24行，代表一天的24小時。
3. 分出睡眠、洗澡刷牙、吃東西、做家事、運動、人際互動、上學、寫作業（可能需要3C）和不用3C玩耍的那些時間。你可能也要安排時間給其他重要的家庭活動，例如上教會或到寺廟拜拜、做社會服務和照顧寵物等。
4. 剩餘的時間可以部分拿來讓孩子用3C，但不一定要如此。

➔使用3C時不應該獨處

為了讓孩子養成良好的3C習慣，奠下未來的長久之計，請鼓勵他們在客廳或廚房使用，而不是單獨在自己的房間裡。你應該採取協助、好奇和嘗試與他們連結的態度來了解3C的使用和誤用；我的意思是，你應該試著透過他們如何使用3C來更加了解孩子，並以此教導他們重要的人生課題。請試著釐清他們的興趣、熱情和擔憂，並就各種可能的議題或問題與他們進行交談。這裡有一些祕訣：

- 在孩子盯著3C螢幕時，你要盡可能在場並與孩子一起觀看。
- 與孩子進行對話，詢問他們關於喜歡的遊戲、節目、應用程式和角色等的問題，討論他們透過電視節目或遊戲獲得的想法和議題，這是一個與孩子建立連結、了解他們想法並教導他們的機會。
- 幫助孩子們對刻板印象、廣告訊息和其他不良內容有所認識並提出質疑，詢問他們對此類議題的看法。

設定限制，讓孩子能自主、快樂

你不可能整天陪著孩子，因此你也不應該總是盯著他使用3C。最好的做法是你適時檢查、詢問和監督他使用3C的狀況。從小養成這個習慣，孩子就會明白這是你身為家長必須做的事情，以後不會那麼抗拒。你也可藉此表達期望和信賴，相信他會做出好的選擇：

- 盡可能鼓勵孩子自己分析和做決策，比方說，當他想看電影或買新電玩時，讓他自行確認分級，並向你說明為什麼這對他來說是個不錯的選擇。如果孩子還不識字，就用說的或畫圖。
- 如果孩子想要更多上網時間，請詢問他打算怎麼管理和調整時間安排。
- 讓孩子列印並報告他的瀏覽紀錄，再討論他在看些什麼。
- 討論內容，並將具有教育意義、年齡合適、高品質和有互動性的類型列為優先。一起設定篩選內容的軟體，避免孩子接觸到不適當的東西，比方說可以使用 Kiddle（兒童網路安全搜尋引擎），而非使用 Google。我兒子曾經有段時間對蛇有興趣，他在 Google 上搜尋「森蚺」時，卻被引導到色情網站。

➜ 塑造有益身心的習慣

「身教重於言教」這句話我們都聽過無數次了，這是不爭的事實。因此，拿你自己做不到的事情去要求孩子是沒有意義的。

- 讓孩子知道你習慣選擇3C以外的其他事情，像是讀書、戶外玩耍以及具有創造性、必須自己動手的活動。
- 當你使用3C時，請解釋你是將它做為工具，並告訴孩子你的目的。像我就經常對我的小孩說：「我現在必須用手機來付帳單、給奶奶發訊息，或是找寫書的資料。我並不是在瀏覽社群媒體或打電玩！」
- 如果你使用3C時要和人說話，請示範給孩子看，你有辦法將3C收起來，或者你能移開視線、保持對人的專注和眼神交流。
- 在孩子面前聽到鈴聲、通知或訊息時不要立刻去看，你可以這樣說：「我晚點再看，因為我們現在正在談話。我要關掉手機，以免被打擾。」
- 設定SMART目標（336～337頁），依此制定使用3C的家庭計畫。你甚至可以納入在家中能使用3C和不能使用的時間、方式和位置。

3

3C巨頭不說的祕密——多巴胺

重複，就能養成習慣！

——威廉・莎士比亞，《維洛那二紳士》第五幕第四場

在我行醫的過程中，我愈來愈常看到可愛、聰明、善良、潛力十足的兒童和青少年，因為3C而失去對心智和生活的控制。他們之中有許多人會花費無數個小時盯著發光的螢幕，忽略了課業、家人和自我，只顧著在社群媒體上瀏覽訊息或透過耳機聽陌生人討論《魔獸世界》的攻略。他們與我治療的古柯鹼或酒精成癮的人沒什麼兩樣，他們的生活毀了，欠缺人際關係，身體狀況也很糟糕。

為了幫助你了解3C如何操控年輕人的生活，我想告訴你一個真實故事。有一位年輕人名叫凱爾，住在一個美國小鎮。他在充滿愛的中產階級家庭長大，父親是分子生物學家，母親米雪兒曾經擔任零售經理，現在則致力於倡導學校應該照顧特殊需求的孩子。

凱爾在高中的表現十分優秀，他不僅是畢業生代表，也是優等生，他還精通三項運動，也是學生會成員和榮譽樂隊的小號手。他不抽菸、不吸毒也不喝酒，他曾經告訴我，他擔心要是染上那些壞習慣，可能會影響他的未來。

但是當凱爾上大學後，他開始對競爭激烈的環境感到不適應，他在高三時面臨過的壓力現在變得更大。他從六歲開始打電玩紓壓，電玩成為唯一的情緒出口；現在，他無法放下遊戲把手，會玩到深夜，也開始蹺課。不久之後，遊戲占據了他的整個生活，他被迫輟學回家。當爸媽試圖禁止他玩遊戲時，他就轉為瘋狂地瀏覽各個網站、新聞網和社群媒體。

米雪兒說當凱爾不能用3C時會變得很焦慮、難過和憤怒，那個原本耐心又善良的單純孩子會變成惡劣又無法無天的暴君。凱爾很討厭這樣的自己，他一邊懊悔自己對待媽媽的態度惡劣，一邊又因為媽媽阻止自己打電玩而生氣，心情就在這兩端之間不斷擺盪。

那時凱爾每天都跟爸媽吵架，他對著他們吼叫，用頭去撞桌子，用盡一切力氣不想和他們討論玩遊戲的事。他說：「我已經被消耗殆盡，我活著就是不斷消耗。我以前曾經活過，但現在已經徹底崩潰，只能任憑遊戲控制自己的生活。」一心理諮商也沒有效果，凱爾讓諮商師相信他可以控制自己的「熱情」，他們認為他只是還不夠成熟。

但凱爾的狀況嚴重影響了米雪兒一家，她明白兒子已經徹底對遊戲上癮。終於，她給凱爾下了最後通牒，請他去戒斷中心進行戒斷，不然他就要搬出去和姊姊一起生活。米雪兒再也無法忍受兒子的憤怒和沮喪，一直籠罩著全家人的愁雲慘霧也令她無法負荷。

遊戲令人成癮的魔力

每當凱爾在遊戲中打怪或升級時，他都會因為多巴胺的釋放而感到愉悅和興奮。由於我們喜歡這種快感，所以大腦就會本能地記住是什麼讓我們產生這種感覺。所以一點點多巴胺的刺激就會讓凱爾渴望更多的遊戲、更多的多巴胺和更多的快感，他說有一陣子感覺自己所做的一切好像都是為了多巴胺，一旦沒有多巴胺的刺激，自己的內心就一片枯竭。

2018年，世界衛生組織在其國際疾病分類中增加了「電玩成癮症」（gaming disorder）這個項目，其定義為「由於過度沉迷電玩，造成至少有12個月的時間產生學業、社交或工作上的嚴重障礙」。凱爾知道自己陷入憂鬱，他被退學，幾乎沒有朋友，住在父母家的地下室。但是當他玩起遊戲時，他覺得自己很有天賦，而且在遊戲裡有朋友，可以躲在一個扮演英雄的世界。在戒斷過程中，他開始明白電玩只是填補了未被滿足的原始需求和欲望，所以才會那麼容易讓人上癮，那麼讓人難以放棄。

◎電玩帶給凱爾的感受

• **正向強化：**遊戲中尋找線索、獲得高分、升級的過程會累積報酬，讓凱爾覺得自己的能力愈來愈強。當他在生活的其他面向受挫時，那些報酬帶來的成就感會非常迷人。

- **陪伴**：在1980年代的第一波遊戲熱潮中，大多數的電玩都是單人遊戲。被稱為MMO的大型多人在線遊戲則是凱爾喜歡的遊戲類型，這種遊戲能讓他和一大群人一起玩，滿足了他與人連結的需求。退出遊戲對凱爾來說很困難，因為他與遊戲中的隊友建立了某種連結。在現實生活中，他與舊友失去了聯繫，他對自己變成這個樣子感到難堪，但在網路上沒有人知道他的失敗。
- **新現實**：《超級瑪利歐兄弟》遊戲中的粗糙影像已經成為過去，凱爾現在所沉迷的虛擬世界不但非常精緻細膩，通常也很美麗又多變，相較之下現實世界顯得非常無趣。
- **當英雄的機會**：有些遊戲能讓凱爾創造自己的角色，然後展開一場獨特的冒險旅程。

追逐下一次的多巴胺刺激

除了打電玩之外，我們現在接觸的大多數社群媒體也會讓我們產生多巴胺。臉書的創始總裁西恩・帕克（Sean Parker）於2004年開始營運臉書這個大受歡迎的社群網路，當時臉書才剛推出五個月。帕克現在承認這個平台是建立在神經化學的基礎上，多巴胺正是推動臉書成功的祕訣。

帕克在2017年的一次採訪中曾說，我們的想法是「要如何盡可能多消耗你的時間和有意識的注意力（conscious attention）」，這個平台的任務就是「每隔一段時間，藉著有人按讚或在你的照片、貼文下留言，帶給你一點多巴胺的刺激」。這樣做會促使使用者分享更多內容，進而帶來更多按讚和留言。帕克說：「這是一種獲得社會認可的回饋迴路，正是像我這樣的駭客會想出的東西，利用的就是人類心理上的弱點。」正如後來離開了臉書的帕克所指出的那樣，一旦我們的大腦將社群媒體和獎勵連結起來，就會想要不斷餵養這樣的需求，以獲得下一次的多巴胺刺激。

回想一下你把新生兒或自己討喜的照片放上社群媒體時的情景，還記得看到數十則表達支持的訊息時的快樂嗎？這種感覺來自多巴胺，多巴胺的釋放是為了獎勵我們做一些有助於維生的事情，像是狩獵、採集或與人建立連結，它構成了我們大腦正向回饋迴路的基礎，而這種迴路始於生命之初。

這個過程是我們生存的關鍵，能激發我們去尋找食物、住所或採取積極的行動，但當這個機制失衡時，我們的欲望就會變成永無止境的渴望，渴望自己所寫的東西能讓其他人不斷轉發或按讚，因為那會讓我們感到幸福和被愛；然而，在許多情況下，我們個人的自我價值也可能因此受到束縛。

這樣說明，我們就能理解為什麼社群媒體會讓人上癮了。我們吃飽時，胃會向大腦發送訊號要我們停止進食，但社群媒體的應用程式卻是透過提供更多的多巴胺刺激來讓我們體內的提示超載，就算我們意識到不停滑動頁面已經讓我們感到憤怒、焦慮或沮喪，大腦還是不斷要我們回去更新貼文、瀏覽新訊息。

1950年代有一個著名的心理實驗，麥基爾大學（McGill University）的兩位神經科學家彼得・米爾納（Peter Milner）和詹姆斯・奧爾茲（James Olds）在老鼠大腦的依核（nucleus accumbens）植入小電極。依核是大腦中調節多巴胺分泌的區域，當吸毒者吸食毒品或賭徒贏得賭盤時，依核就會亮起來，因此奧爾茲和米爾納將它稱為「快樂中心」。

這兩位科學家還在鼠籠裡放了一根控制桿，老鼠只要推動桿子，電極就會刺激牠們的快樂中心。假如不去管這些老鼠，牠們會不斷推下控制桿，一次又一次，一天最多可達七千次。牠們即使口渴了也會去按桿子，而不是找水喝；牠們會忽視飢餓，也拒絕性行為，只想要繼續推動那根控制桿。

老鼠的行為有沒有讓你想起什麼？回想一下凱爾，他徹夜不眠，蹺課玩遊戲，不運動也不吃健康的食物，唯一想做的事就是按下「屬於他的那根控制桿」。也許你身邊的年輕人也有類似的行為，他們會在凌晨時分繼續瀏覽社群媒體，或是只關注手機，忽略旁人。2017年，廣州一名17歲少年連續玩了40小時的中國奇幻角色扮演遊戲《王者榮耀》，引發中風，險些喪命。日本政府估計有115萬名繭居族，這些年輕人不和社會接觸，只是待在家或關在房裡打電玩和上網，他們經常一待就是好幾個月甚至好幾年，只依靠親人照顧。

有些科技產品的目的是在幫助人們改善生活，而有些科技產品的目的是讓人們對其上癮，這兩者天差地遠。在我看來，孩子為達成某些目標而主動去使用的3C是好東西，而他們被動去使用的3C則是不良的產品，這些生產不良3C的公司只是利用孩子來達成自己的銷售目標。

為什麼3C專為成癮而設計？

在大多數情況下，應用程式和社群網路不會對使用者收費，網路的營運是靠點擊率和吸睛程度來維持。正如帕克所說的那樣，對於大型科技公司而言，其目的就是要讓使用者盡量待在他們的網站上，這在矽谷經過粉飾後的說法就是所謂的「用戶參與度」，畢竟用戶在推特、臉書和YouTube上「參與」的時間愈長，他們能向廣告商收取的費用就愈多。

為了保持收入成長，社群網站和應用程式會持續尋找新的方式來對抗你的大腦，阻止你登出或刪除他們的應用程式，避免你改成去參與現實生活中的活動。它們可以使用的資源包括了數百年來政府出資的各項研究，從神經科學、心理學、語言學、認知科學到社會行為學，全都囊括其中。

然而，很少有孩子（和父母）明白，當線上服務是免費的時候，他們就不是這些服務供應商的客戶，而是供應商的產品了。像Google、臉書、IG和亞馬遜這樣的公司，你只要造訪過它們的網站，它們就會密切追蹤你的喜好、購買的產品和位置，並將這些資訊整理後販售給廣告商。英特爾公司的前副總裁比爾・達維多（Bill Davidow）表示：「這讓科技業主管陷入兩難，他們要嘛利用神經科學的理論在這個市場賺取巨額利潤，要嘛退出市場、讓競爭對手這樣做。」

臉書早年破解的神經科學理論後來又被一家位於加州、充滿爭議的新創公司多巴胺實驗室（Dopamine Labs）所無恥利用，它想推出和IG、推特一樣會令人上癮的應用程式和平台來讓使用者上鉤。多巴胺實驗室是神經經濟學家T・達爾頓・康布斯（T. Dalton Combs）和神經心理學家瑞姆賽・布朗（Ramsay Brown）這兩位好友的心血結晶。布朗說：「由於我們已經在某種程度上了解這些攸關成癮的大腦區域如何運作，因此也知道可以讓這些區域更加活躍的方法，並能將這些知識運用到應用程式之中。」他承認這種力量令人既興奮又恐懼，他說道：「我們擁有這樣的能力，只要在我們打造的機器學習儀表板上轉動一些旋鈕，就能讓世界各地成千上萬的人在不知不覺中改變行為，那些人們習以為常的事情實際上是經過設計的。」布朗的意思是說，我們看似有意識的決定，事實上是受到工程師的劫持所產生的行為。

程式開發者操弄孩子的七招

像帕克這樣的開發人員和像布朗這樣的神經心理學家都非常了解如何激發大腦中的多巴胺，並在他們的產品中注入了這類技術。其中最成功的幾招，正是利用了人類的原始需求，像是我們需要被愛、與人產生連結和獲得認可，也需要感覺自己很能幹、能夠給予他人關注也獲得他人關注，同時也想要取得成就等等。有些人認為家長有責任保護孩子不受這些操弄策略的影響，但如果家長自己都不了解這些策略，根本不可能保護孩子免受傷害。

因此，以下列出程式開發人員經常用來吸引孩子注意的方法。當你搞懂之後就可以教導孩子看出、了解這些手法，幫助他們在與3C打交道時重新奪回一些控制權。

1. 紅色警戒！

我們都知道紅色有緊急和迫切的意思，是最強烈又最具有活力的顏色。事實上，紅色還被稱為「觸發色」，研究證實紅色可以提高你的心率和血壓，而且比起其他顏色的提示，還能讓人更頻繁地點擊。

原本臉書的通知是藍色的，這是為了與公司品牌的顏色一致。當初選擇藍色是因為創辦人馬克・祖克柏（Mark Zuckerberg）有紅綠色盲，他最能辨識的顏色是藍色，但後來臉書發現用戶經常會忽略藍色的通知，就將通知改成紅色，自此點擊率就直線上升。

其他公司也注意到了這一點，現在你會發現 iPhone 上的所有應用程式都附著小紅點，提醒你將這些通知打開。你下次和孩子坐在一起時，可以拿出手機讓他看看這些「有訊息進來」或「有人按讚」的提醒通知，說明為什麼這些提醒是紅色的，還有紅色會讓我們的生物機制驅動我們去打開這些提醒。你可以示範怎麼把手機螢幕改成灰階，黑白的畫面可以減少刺激，讓那些通知變得比較無聊、比較不吸引人。

2. 社會認可

人類有需要食物和居所的基本需求，同樣地，我們與生俱來也有另一種需求，渴望屬於某個群體，並與他人建立深厚的關係。臉書的按讚和IG的按愛心都是在利用這種愛與連結的原始需求。

雖然我們周遭的世界從舊石器時代以來有了劇烈的變化，但我們的大腦並沒有大幅改造。在大草原生活的時代，我們必須小心經營自己在部落裡的社會地位，因為生存取決於被需要和被讚賞，而孤獨的人和被驅逐者往往會成為攻擊的目標。

在青少年時期，我們其實對社會壓力非常敏感，並渴望成為群體的一分子。我發現許多青少年患者都很堅持要在社群媒體上持續發文，那是一種獲得肯定和展現友誼的方式，也是人類自古以來一直在做的事情。

如果你身邊也有青少年，你或許可以考慮告訴對方你曾經在社群媒體上發文，卻沒有任何人按讚，那讓你感到非常尷尬和痛苦，就像被大家拒絕一樣。你要讓他們知道，雖然那種痛苦的感覺很真實，但你並不是真的遭人否定。臉書的按讚並不能代表你受不受歡迎，而真正的朋友會愛你的所有，包括你的缺點、才華和你古怪的幽默感。研究顯示，你的孩子需要一、兩個真正的朋友，而不是社群媒體上的八百個好友。

你也可以鼓勵孩子使用某一類平台，這類平台不追蹤用戶數據、不顯示廣告，也不會透過按讚和互動數字來增加使用量。

3. 自動播放和無限瀏覽

正如 YouTube 和 Netflix 所知，不讓孩子（和他們的爸媽）登出的最簡單方法就是在預設中自動播放下一部影片，因此當 Netflix 首次推出「會在倒數十秒後自動播出下一集」的這項功能時，追劇人數突然飆升也就不足為奇了。社群網站通常也會利用相同的原理，透過自動完成貼文和不斷滾動畫面的功能，讓你很難登出。

下次你和孩子在 Netflix 上看劇時，請在下一集開始自動播放前按下暫停鍵，跟他解釋為什麼會自動播放，並提醒他要看多久是由他自己掌控的。

4. 不定時的獎勵

儘管看起來似乎違背直覺，但讓年輕人不斷查看IG的最佳方式並不是在他們每次打開應用程式時給予獎勵，「隨機性」才是真正讓他們上癮的原因。由於留言和按讚不會定期出現，所以他們永遠不確定什麼時候會獲得多巴胺的獎勵，就會不自覺地想要一直查看應用程式。這種狀況有個科學術語來表示：不定時獎勵（variable rewards）。人類就是吃這一套，要是你不相信的話，不妨想想吃角子老虎機的設計模式，這個博弈機器可是占了賭場平均收入的八成。

技術工程師利用了美國心理學家B．F．史金納（B.F. Skinner）的研究成果，他在對鴿子的一系列實驗中發現了隨機發放獎勵的力量。史金納教會鴿子啄按鈕討食，而他發現隨機獎勵會讓這些可憐的鴿子發狂，牠們會不斷地啄著按鈕，希望能掉下食物；甚至曾有隻鴿子連續啄了16個小時。

你可以用簡單的話語和孩子解釋這就是社群媒體的運作方式，當他每次打開IG、Snapchat 或推特時，就等於是在拉動吃角子老虎機的把手，他獲得的獎勵會是一個引人入勝的故事還是一堆愚蠢的推文，這無從得知，所以他才會不斷刷新貼文。

人類就像鴿子，喜歡無法預料的事物。不定時獎勵是我們的致命弱點，那會讓我們去做一些瘋狂的事情，像是在一天之內打開 Snapchat 45次。你必須教孩子每天保留一段時間，必須出於某個明確的目的才能查看社群媒體，比方說喬許在南非和歐洲有朋友，那麼他只能在週日下午使用 Snapchat 和IG與他們聯繫。

5. 偏愛新穎的事物

人類就是喜歡新穎的事物，天生如此。在舊石器時代，辨別新事物（通常具有危險性）並做出反應是我們能夠生存下來的關鍵；如今這種天性卻讓我們無法抵抗不斷傳來的訊息。這是為什麼社群媒體的應用程式會不斷要我們打開通知，因為當 WhatsApp 提醒我們有訊息或動態消息時，我們很難視而不見。

我建議你要求孩子關掉提醒通知，不要被這些隨機出現的通知所左右；這是從他們使用的應用程式和其他平台取回控制權的另一種方式。

6. 錯失恐懼

錯失恐懼（fear of missing out，FOMO）是我們一直耗在社群媒體上的一大原因。儘管我們理智上知道這樣做會引發焦慮，也浪費時間，但如果我們刪除社群媒體，很可能會錯過邀請、促銷或來自朋友的訊息，對於已經擔心無法融入群體、無法參與朋友間的玩笑或擔心看起來很遜的青少年來說，刪除社群媒體的風險可能會非常高。

身為家長，我們的工作就是幫助孩子了解，他就算不看那些訊息也不會錯過任何事，並讓他知道，不論他是否使用IG都能收到真正重要的訊息，就算真的錯過了一些事情，那也沒關係。

7. 社會互惠

當有人向我們伸出手時，我們也會很想加以回饋，這種狀況稱為社會互惠。這是一種人際之間的有來有往，如果別人對我們有正面的舉動，我們也會想用另一個正面舉動來回應對方。

當臉書通知發文者「收文者已經閱讀他們的訊息」時，就會觸動我們本身的社會互惠感，Snapchat 和 WhatsApp 更把這種現象做進一步的發揮，它們讓用戶在朋友一開始向他們輸入訊息時就收到通知，對青少年來說，他們會覺得自己需要盡快回應對方，這比回應爸媽或讓尿急的狗狗出門去小便還更加急迫。對於我們舊石器時代的大腦來說，忽略推特的私訊或IG上的好友請求可能會是一種在社交上非常失禮的行為。

告訴孩子過去的美好時光，當時電話掛在牆上，不會跟著你一起散步或上廁所，也沒有人覺得你應該整天在家等他們來電，只有你覺得方便的時候才需要回朋友電話。雖然現今通訊的方式已經加快，但有空才回覆仍然是正確的做法。請讓孩子知道不需要立即回覆訊息，幫助他養成一整天或超過一天都不要打開訊息的習慣，教導他在傳訊息之前一定要先思考過，而且永遠不要在生氣或沮喪時發送電子郵件。

正視孩子脆弱的意志力吧！

請想像一下，在螢幕的一端正有個工程團隊，想盡辦法要瓦解螢幕另一頭每個人的意志力和責任感；這對任何人來說都很難不受影響，更不用說對一個12歲的孩子會有多困難。兒童比我們更容易對3C和遊戲成癮，因為他們的額葉還沒有發展完全，還沒有能力停下來去反省和採取不同的行動，也就是說，他們比較缺乏自我調節和長期理解的能力，而這些能力正是許多成年人不會養成壞習慣的關鍵。正因為如此，我才會告訴家長們，孩子使用3C時需要父母的引導。

青少年的大腦面臨了更大的挑戰，他們的大腦在生物化學上會受到三種產生多巴胺的行為所驅動：

- 承擔風險。
- 嘗試新事物。
- 受到朋友讚賞。

這些行為的源頭可以追溯到我們的進化史，當時的原始人必須冒險踏入新的地域，尋找伴侶，並協助我們的物種生存下去。

在現代，新的領域就是網路世界，而網路世界也不見得比較安全。曾有一名記者問我，為什麼青少年會做一些蠢事，像是「吃洗衣膠囊挑戰」這種——這是2018年最令人震驚的社群媒體大事，當年有些青少年開始記錄自己咬下鮮豔的洗衣膠囊的過程，造成多起中毒事件。我告訴記者，這種在網路上瘋傳的挑戰滿足了青少年大腦裡三種獨特的驅動力，因為這件事有風險、很新奇，而且發布這種訊息會讓朋友按讚和轉發。

讓孩子成為市場目標，合理嗎？

如果你的孩子和我的孩子一樣，那麼他們一定曾經在某個時間點被社群媒體或遊戲平台所吸引，這些科技產品的特性是很懂得勸誘，而尚在發育中的幼小心靈對這點尤其沒有招架之力。2017年，臉書一份內部報告就透露自家可以辨識青少年感到「沒有安全感」、「一無是處」或「需要增強信心」的確切時刻。在《澳洲人報》（*The Australian*）揭露的文件中，臉書甚至還向廣告商和投資者吹噓自己懂得怎麼利用青少年的弱點。

科技產品的入侵正在瓦解古老的傳統，並破壞原本讓我們能保持健康、快樂和強壯的生活方式。思考一下以下狀況：

- 在過去的20年來，兒童的非3C遊戲時間下降了25%。
- 根據美國非營利組織凱澤家族基金會（Kaiser Family Foundation）的研究，年幼的孩子現在每天花5.5小時在螢幕前。
- 青少年花在螢幕前的時間超過了7個小時（這個數字還不包括做功課的

時間）。

- 青少年花在社群媒體和打電玩的時間多於睡覺時間。
- 比起面對面交流，一般孩子花更多時間透過螢幕交流。
- 在2008年iPhone上市一年後，人們平均每天在手機上花費18分鐘；到了2019年，這個數字增為3小時15分鐘。

然而，即使在我專精的兒童精神病學領域中，也很少有人探究這背後的道德問題。心理學和神經科學向來被認為是用來治療和協助人們的科學，最主要的道德原則就是「不造成傷害」，但這個領域現在卻被拿來當做武器，讓孩子們不寫作業，剝奪他們的睡眠，同時損害他們學習新事物、解決問題和掌握現實世界的能力。大型科技公司為了業績不擇手段又不受規範，這是其他行業少見的，這些公司的決策顯然沒有考量孩子的福祉，因此在政府缺乏監督的情況下，父母就需要介入才行。

前科技業高層的真心話

位於舊金山的山麓、孕育了智慧型手機和社群媒體的矽谷，正是最了解相關問題的地區。在過去幾年裡，Google、Apple和臉書這三大矽谷巨頭的前高階員工已經開始揭發自家產品的弊端，警告這些產品對人們會有不好的影響，尤其是針對兒童。

已邁入不惑之年的西恩．帕克將自己描述為「有良知的反對者」（conscientious objector），他反對社群媒體，認為社群媒體改變了人與社會和彼此之間的關係，他說：「天知道那對我們孩子的大腦有多大影響！」

臉書前任用戶成長部門的副總裁查馬斯．帕利哈皮蒂亞（Chamath Palihapitiya）也同樣反對社群媒體，正如他所說的：「我們創造出短期的多巴胺驅動回饋循環，而這種回饋機制正在摧毀社會。」他表示對於自己曾經扮演的角色感到「非常內疚」，而對於自己的孩子，帕利哈皮蒂亞補充道：「我不允許他們使用這些廢物。」

矽谷改革者中最大力倡議的就是Google前產品經理崔斯坦．哈里斯（Tristan

Harris），哈里斯過去幾年一直鼓勵人們脫離他之前協助創造的3C產品，他成立了非營利組織人性化科技中心（Center for Humane Technology），團隊成員包括了前科技界的內部人士和執行長，他們對這個業界的文化、商業手段、設計手法和組織結構都非常了解，知道業界是怎麼讓科技凌駕我們的心智。哈里斯說：「最終極的自由就是自由的心智，我們需要的技術是可以幫助我們自由地生活、感受、思考和行動的技術。」

儘管如此，現實世界還是相當殘酷。科技公司相對於父母而言有著非常不公平的優勢，很少有家長意識到這些3C的誘惑力，也不了解它們可以多麼輕易地掌控孩子的生活。鼓吹3C的人往往會說：「我們以前也見過父母陷入類似的恐慌狀況，過去電話、收音機甚至是書本出現時都曾引發家長、老師和當局的嚴重關切。電視在最一開始曾經被嘲笑是文化荒漠，會讓孩子變得暴躁和易怒。」不過我們要知道，電視並沒有想要讓其他人上癮，正如哈里斯所指出的：「這是人類與最強大的超級電腦和數十億美元的較量。」就像帶了一把刀要和太空雷射槍比拚一樣，他補充道：「我們回顧過去時會問自己，當初到底為什麼要這樣做？」

與此同時，有幾個亞洲政府已經採取了行動。韓國和中國都祭出了所謂的

「灰姑娘法」，強迫年輕玩家下線。韓國於２０１１年頒布「關機令」，禁止16歲以下的青少年在午夜至上午六點之間玩遊戲。２０１９年北京宣布了遊戲宵禁，他們認為電玩成癮是造成年輕人近視人數增加和學習成績下滑的罪魁禍首。18歲以下的中國玩家現在禁止在晚上十點到隔天早上八點之間玩網路遊戲，新規定還限制16歲以下的青少年每個月在虛擬服裝、寵物和武器等附加產品上不能花費超過200元人民幣。

辨識媒體成癮症

２０１８年，世界衛生組織決定將電玩成癮症列為一種可診斷的疾病，卻引發爭議。我們原本認為成癮的症狀是透過酒精、古柯鹼、類鴉片藥物和其他藥物等物質才有可能產生，過去精神病學界對於賭博這種「行為」是否應該列入成癮病症，也進行了長達20年的激辯，最終才在２０１３年將其納入《精神疾病診斷與統計手冊第五版》。

人們之所以會對世界衛生組織的分類產生爭論，是因為當時的研究人員開始記錄賭博成癮者與吸毒成癮者的大腦都出現相同的變化，包括不能賭博時會心率加快、出汗等。

說到底，成癮就是指一個人會不計不良後果，強迫性地尋求某些事物。成癮者無法戒斷他們對那些事物的索求，由於他們會隨著時間而產生更強的耐受性，因此會需要愈來愈大量的刺激才能獲得滿足感。此外，成癮者也會感受到無法控制的渴望。

因此，當我試圖向家長們解釋3C成癮症時，我建議他們做的第一件事就是看看孩子是否有以下狀況：

- 渴望：想要參與該行為的想法、感覺和身體感受或渴望。
- 失控：對於電玩或網路的使用缺乏控制。
- 非玩不可：打電玩或上網的重要性持續提升，凌駕於其他興趣和日常活動之上。
- 不顧後果地玩：儘管出現考試不及格、頸部拉傷、體重增加或睡眠不足等不良後果，仍繼續玩遊戲或上網，甚至變本加厲。

比方說，如果你的孩子會為了玩遊戲熬夜到半夜三點，導致隔天在學校無法好好上課，成績也一落千丈，你就應該出面了。

請記住，孩子的行為模式必須嚴重到會破壞人際關係、影響上學、運動和其他活動，而且已持續至少12個月才算上癮。不過，我不會等到事態嚴重或長達一年的行為模式建立起來後才採取行動。無論孩子幾歲，都要注意他們是否出現成癮跡象，並及早出手干預。同樣地，請想想可能導致成癮的常見風險因素：

- 有成癮的家族病史。
- 有其他心理健康疾患，像是焦慮、憂鬱、過動等。
- 面對必須使用3C或參與不良行為的同儕壓力。
- 與家人疏離。
- 過早開始使用3C。
- 先前就有吸毒或成癮的行為。

幫助孩子釐清為什麼要玩遊戲

不要害怕去詢問孩子為什麼要玩遊戲，幫助他了解有時這樣做是為了好玩，有時是為了遠離現實世界或逃避焦慮和憂鬱的情緒，這是幫助孩子的第一步。一旦你了解孩子為什麼要連續玩好幾個小時，就可以提出新的習慣和常規，滿足他的潛在動機。儘管要找到適合的解決方案並不容易，但首先必須了解他的行為帶來什麼獎勵。請看看下列敘述，你可以針對孩子的不同情況來給予協助：

- **寂寞的玩家**透過電玩進行社交活動，因此培養新的人際關係可能會有幫助。你可以協助孩子找社團，或讓他們參加可以結交新朋友的活動。
- **被霸凌的玩家**透過電玩逃避他人的取笑或霸凌。此時，學校介入關心可能會有幫助，而自信心訓練乃至武術課程則可以幫助他們建立信心。
- **無聊的玩家**將電玩當成娛樂，因此讓他們閱讀小說或學習新的運動，給予不同的認知刺激可能會有幫助。嘗試和孩子一起進行腦力激盪，或與他們一起觀看有趣、好玩或探索新世界的紀錄片或電影。

3C成癮的兩大機制

當談到成癮、焦慮、憂鬱和其他心理健康問題時，總是會出現先有雞還是先有蛋的爭論。是憂鬱的人發現藥物或酒精有助於麻痺疼痛，才導致他們上癮？抑或是酗酒者因為酗酒，導致生活失控而變得憂鬱？通常很難下定論說哪一種說法才是正確的。

資料顯示，大約七成有成癮症狀的年輕人也有心理健康問題，反之亦然。很少有被診斷出成癮症者是沒有心理疾病的，這些心理疾病包括焦慮症、憂鬱症、過動症、創傷後壓力症候群、飲食障礙、躁鬱症和其他疾病。科學上支持「共同原因」（common cause）理論，意思是各種問題有著相同的起源，而且彼此並行發展。

這些資料還清楚顯示，有心理健康問題或容易成癮的青少年更可能對3C上癮。總的來說，我們知道成癮的種子是在童年和青春期播下的，而3C成癮則仰賴以下兩種機制：

- **重複使用3C**。這將教會大腦重複尋求多巴胺的刺激，進而創造出新的神經迴路。這些神經迴路會隨著時間強化，導致這種習慣（多巴胺刺激）迅速成為孩子大腦中的主要路徑。
- **重複使用3C做為逃避手段**。孩子會變得依賴短暫的快樂來逃避負面情緒，阻止大腦發展正確處理壓力、悲傷和其他負面情緒所需的神經迴路。

由於成癮症是一種神經可塑性疾病，所以一定是透過不斷重複才造成的。當神經路徑與查看社群媒體、短

多巴胺回饋的迴路

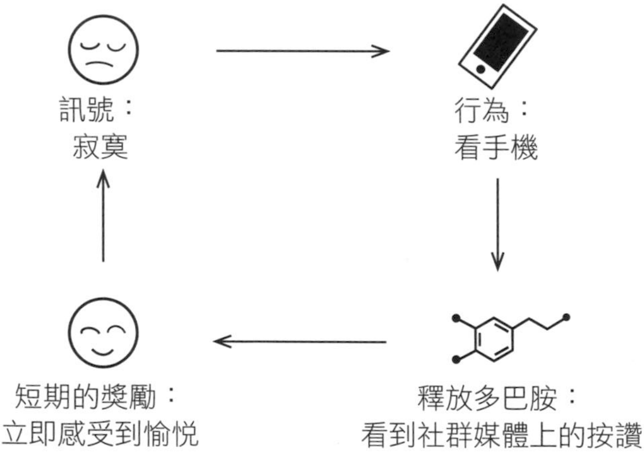

暫的愉悅、暫時擺脫焦慮等外在事件之間形成強大的迴路時，就會讓人成癮。

家長可能會讓焦慮的孩子上網與朋友聯繫或透過電玩來緩解考試壓力，從而在不知不覺中讓孩子成癮。我們必須意識到，用3C紓壓可能就和使用大麻或酒精一樣糟糕。孩子需要我們的支持、引導，有時候也需要治療，才能幫助他們解決根本的問題。當他們獲得適切的對待，這些不良行為通常會更容易控制，甚至會完全消失。

恐怕我們得談到色情片的影響

對於大多數父母來說，網路色情是一個令人不舒服的話題。他們不跟孩子討論的原因，可能包含內心抗拒、想法天真、心有成見，或是覺得尷尬和丟臉等等。有些父母往往會認為自己的兒子看色情片是成長過程中的正常現象，尤其是父親，他們可能還記得自己年少時期會有人傳閱色情雜誌或圖片。但今非昔比，今日在網路上流傳的色情內容更加露骨具體，也更令人不安，有時候你甚至能看到現場直播的色情內容。

我兒子六年級時看過一部電影中的某一幕，讓他深感不安，過了好幾天才恢復過來。我想提醒各位父母，一旦你的孩子看過，那些影像就會一直烙印在他們的腦海中。

我的兒子並非特例。印第安納大學（Indiana University）的性健康促進中心近年所做的一項研究指出，36%的男孩看過男人在女人臉上射精的影片，三分之一的男孩和女孩看過性虐待相關的影片，26%的男性和20%的女性看過雙重性交。網路色情的另一個問題是有些青少年會把那些內容當作指標，分不清楚什麼是真的、什麼是假的。根據2016年英國的一項研究，53%的男孩和39%的女孩認為色情片的內容是真實的。

網路色情所影響到的孩子年齡也比大多數父母以為的還要小，造成的衝擊可能非常巨大。我在門診中見過許多成年男性，訴說自己在青春期因為看太多色情片而毀了生活。有些人是不小心看到，就像某個小男孩可能只是Google「森蚺」，卻被引導到色情網站——這正是我兒子的例子。亞歷山大・羅茲（Alexander Rhodes）是一名匹茲堡的網路開發者和反色情網站創始人，他第一次接觸到色情內容也是類似的情況。他在一個家裡擺滿電腦的家庭長大，父親是軟體工程師，母親是作家。當他11歲時，因為誤觸一則網路廣告而看到一張描繪性侵的圖片，他感到很好奇，就不停地瀏覽下去。

羅茲最初的好奇心最終演變成他對暴力色情的狂熱，這個習慣變成了一種上癮症狀，他每天對著色情內容自慰多達14次。羅茲說：「我依賴色情產品，將它當成某種情感上的支柱。如果有什麼壞事發生，我就會去看色情影片或圖片，因為那些東西想看就有。」

然而，逃避現實而不想解決問題的人遲早要回歸現實，如果孩子不去處理他們更深層的問題，那些問題並不會憑空消失。他們花在幻想中的時間愈多，就愈沒有精力處理現實世界的挑戰，無論他們做什麼來麻木感覺和掩飾痛苦，都有上癮的風險。

色情成癮和色情產品造成的勃起功能障礙在心理學家、精神病學家和研究人員之間是一個熱門的研究主題，雖然這些診斷尚未得到醫療機構的認可，但我相信獲得認可的日子不遠了。我們看到孩子們對暴力的性影像變得麻木不仁，這也會讓他們日後難以和他人建立正確的性關係，而且不容易產生性興奮。根據報告，許多年輕男性在青春期靠著網路色情慰藉，變得缺乏尋找性伴侶的興趣，也很難在性行為中達到性興奮，而且無法在不看色情片的情況下達到性高潮。

羅茲認為，人們上網幾分鐘所能看到的女性可能比一個原始人一生中看過的還多，由此產生的超刺激行為可能類似於服用藥物、酒精或賭博對大腦獎勵中心的刺激。事實上，在２０１４年劍橋大學使用大腦成像的一項研究顯示，色情成癮者的大腦對色情訊號的反應，與吸毒成癮者的大腦對毒品訊號的反應是一致的。

等到羅茲上大學時，他罹患了所謂的「色情片引起的勃起功能障礙」。他第一次約會的時候，在做愛時只能透過對色情片的幻想來維持勃起，當他只專注在女朋友身上時就力不從心。那是一個轉捩點，他說：「我當時情緒很低落，並開始尋找我為什麼這麼依賴色情影像的原因。」

經過一段時間，他終於戒掉了依賴色情影像的習慣，並決定幫助他人，所以他創立了一個戒斷色情依賴的平台Notfap（fap是自慰的俚語）。這個網站的目標群眾是那些希望不要再被色情影像控制的男性，網站上提供了一個計數器，可以準確追蹤一個人戒除色情依賴的天數，並為達成一星期、一個月或一年沒有對著色情影像手淫的人授予徽章。

我真心認為我們必須警覺這個問題的存在，我們需要教育家長了解網路色情的嚴重影響，並以更宏觀的方式將這個議題納入網路安全的課程。我們對色情成癮症必須有所認知，並進行公開討論；我們也許可以採用類似於賭徒或網路遊戲成癮者所接受的專業治療，幫助大腦的獎勵中心恢復正常，因為已經有太多原本有大好前途的年輕人（多數是男性），沉淪於網路色情的黑暗世界中。

把希望帶給3C成癮的青少年

過去完全沉迷於遊戲的年輕人凱爾同意進入療養機構接受治療，但對他的媽媽米雪兒來說，要為他找到適合的治療機構卻是挫折不斷。在亞洲這個有很多青少年沉迷遊戲的電玩發源地，多年前就有了治療電玩成癮症的設施，但是在北美地區卻很難找到類似的遊戲戒斷所，而目前對其需求很高。

米雪兒原本考慮將凱爾送到西雅圖附近一個住宅型的療養單位，但那個地方前七週的照顧費用高達三萬美元，而且要等上好幾個月才能入住。後來米雪兒找到了位於卑詩省新西敏市的住宅治療中心「最後的門」（Last Door），該中心位於溫哥華郊區，專門治療成癮問題，而且費用少了三分之二。多年來我介紹了許多患者到那裡接受治療，對於某些人來說，那確實是他們最後的選擇。

對於凱爾和其他許多患者來說，最後的門這個機構的確像是上天的恩賜。在凱爾進入該機構前，他一直住在父母的地下室，每天都在打電玩，有自殺傾向，而且完全無法自理生活。他打電玩不是為了消遣，而是為了不讓自己陷入更糟的情緒，他解釋說：「這是一種生存機制。」當他第一次和其他人碰面時，由六個病人組成的小組全是年輕人，他們對著他歡呼：「你是我們的一員。你是我們的一員。你是我們的一員。」並拍了拍他的背，他感覺自己被接納了。在那次活動中，凱爾開始聽到別人談論困擾他多年的感受，那是他第一次開始感到人生還有希望。

在那裡，患者禁止使用電子產品，如果被發現就會被送回家。漸漸地，他學會如何運動以及與人社交。在最後的門這個機構裡，患者要幫忙做家事。凱爾負責廚房的工作，學會了做飯，也吃得更健康。慢慢地，他找到一種新的生活方式，漸漸覺得自己不再需要依賴電玩，而折磨他多年的憂鬱情緒也開始消失。離開那個機構之後，凱爾回到學校上課，最後成了一名高中數學老師。他找到一份距離他和父母家三小時路程的工作，後來還獲得碩士學位，讓他未來有機會當校長。

他已經五年沒有沉迷電玩了。

通常要克服成癮的事物或壞習慣，最好的方法就是用另一種習慣來取代原有的行為或是分散注意力。當凱爾自我反省時，他發現自己會這麼沉迷電玩是因為與其他玩家的互動能紓解孤獨感，因此他最終能克服成癮症是透過培養豐富的社交生活和擔任教師的工作，因為這些事情能讓他和別人發展出有意義的關係。

他每週參加匿名戒毒協會（Narcotics Anonymous）的三次聚會，並幫忙管理當地的分會。他和現任女友交往快一年了，最近帶她回家見過姊姊和父母，他說：「我本來差點就沒命了，真沒想過能過上這種美好的生活。」

關於成癮症的治療，盡早採取行動總是上策，但即使你的孩子已經上癮了一段時間，也永遠不嫌太晚。

◎小提醒

- 多巴胺的作用是讓我們充滿愉悅感和興奮感，我們所做的任何事情只要能觸發多巴胺的釋放，就會讓我們想要一次次地重複，以感受那種快感。
- 多巴胺是成癮症的關鍵神經化學物質。
- 曾經在臉書工作的西恩．帕克已經承認，該平台的設計目的不是為了使我們之間產生連結，而是為了讓我們上癮，並分散我們的注意力。
- 許多其他科技業的高階主管正在疾呼3C帶來的害處。
- 許多社群媒體平台和電玩的設計目的是在觸發多巴胺釋放，最成功的技術就是利用人類最根深蒂固的需求來吸引我們，像是我們需要獲得別人認可、想要接觸新奇的事物和進行社會互惠等。
- 當你使用免費的網路服務時，你並不是客戶，而是產品。
- 2018年，世界衛生組織在其國際疾病分類第11版（ICD-11）中增加了電玩成癮症。

- 兒童和青少年特別容易沉迷於3C和電玩遊戲之中，因為他們的額葉發展還不成熟，仍缺乏長期規劃和自我規範的能力。
- 青少年的大腦特別喜愛冒險、尋求新奇事物，也渴望獲得同儕的讚賞。
- 成癮通常是重複性習慣的結果，或是在面對焦慮、憂鬱、過動等心理問題時，當成自我療癒或逃避的一種手段。
- 網路色情是個令人不舒服的話題，但是孩子接觸網路色情的年紀比大多數父母以為的更小，影響也更深遠。

聰明3C教養法

如何讓孩子循序漸進認識3C？

在這個章節中，我們討論了帶來快樂和獎勵的神經化學物質多巴胺，如果在大腦中不當釋放時會對行為產生什麼負面影響。我們知道多巴胺會在我們狩獵、採集和與他人產生連結時釋放，以獎勵對生存來說至關重要的各種活動；我們也看到了科技公司如何設計產品，好讓我們的多巴胺超載，並讓我們繼續使用它們的產品。

在接下來的內容中，我將告訴你該如何讓孩子認識3C，又要如何監督他們使用，以盡可能降低3C成癮的風險，並避免孩子日後養成其他類型的強迫行為。此外，我還會告訴你一些需要注意的成癮跡象和症狀，並提供具體實行的策略，讓孩子遠離可能會掌控他們生活的科技。

◎別做的事

- 不要因為所有人都在這樣做，就認為你的孩子不會受到傷害。
- 不要擔心或認為孩子在年紀小時就需要3C才能跟上別人。
- 不要給孩子個人手機或平板電腦。
- 不要自己也沉迷於3C。

◎應做的事

- 介紹3C給孩子時，務必謹慎。
- 應該為孩子建立良好的數位習慣，並給予支持。
- 應該一步步放寬孩子使用和自主決定的權限。
- 應該注意孩子是否對3C濫用和成癮。
- 如果孩子出現成癮跡象，務必及早干預。

◎ 特別留意

引導孩子遠離任何會導致多巴胺刺激或強烈愉悅感的科技，包括線上博弈和線上色情，盡可能避免他們去接觸，能拖愈久愈好。

◎ 限制和監督

現代人不可能完全不去接觸電玩和社群媒體，遺憾的是，目前幾乎所有這類產品都有一些迫使人們使用的設計，因此父母需要監督孩子，尤其是在一開始的時候。你必須和孩子討論，並限制與監督玩遊戲和使用社群媒體的時間，直到孩子能理解這些工具對他們的操控方式，並可以自律為止。

要怎麼讓孩子用3C時學會自律？

你把汽車鑰匙交給孩子之前，一定會先和他談一談、讓他上過駕訓課，並在一般馬路上練習過，才會讓他上高速公路。同樣地，我們也不應該在沒有先教導安全的使用方式之前，就讓他們使用這些非常容易令人上癮的科技產品。我們應該要等他們年紀更大、理解力更好，也更有責任感和使用技巧後，再讓他們逐漸接觸更多的3C產品。

因此，當你讓孩子認識手機或筆記型電腦時，請訂立明確的使用規範，並隨著時間，按照以下計畫賦予他們愈來愈大的責任。此外，請不要忘記在每一步中持續監督他們的使用情況，並幫助他們加強社交、情感和時間管理的技能。

我還有一個很重要的建議，那就是千萬不要送手機或電腦給孩子，不要把這些產品當作生日禮物或聖誕禮物。你可以買手機供他們個人使用，但要說清楚那是「你的」手機，只是借給他們，如果他們濫用，你有權力收回來。相同的邏輯適用於 Xbox、任天堂的 Switch 和各種遊戲機、平板電腦，這些昂貴的科技設備會不斷推陳出新，你必須確保自己能控制孩子能否擁有這些東西。

給孩子3C之前

- 與孩子好好談談，務必讓他清楚這些設備的用途。
- 參考以下的建議來訂立家庭規則。
- 劃分出家中不能使用3C的區域（餐桌、車上、臥室），並訂定每天不能使用3C的時間（用餐、寫作業、閱讀、就寢等）。
- 關閉家中所有3C的通知和自動播放功能。
- 選擇一星期中的某一天，禁止全家人使用3C。
- 關閉無線網路，最理想的時間是在睡前兩小時到隔天孩子上學前。
- 在廚房這類開放區域設置家庭充電站，讓大家在不使用3C時充電。
- 讓孩子知道，一開始你會需要他所有的密碼，也會定期查看他的手機，只要他愈早能負起使用責任，就能愈早獲得更多的隱私和自主。

在孩子使用初期

- 孩子使用3C的目的應該是與父母、老師和朋友討論實際的問題，例如家庭作業、共乘等。他可以發訊息給朋友來談論功課，但不能用來進行社交活動；一開始最好還是面對面和朋友交流互動。

- 不要讓孩子使用社群媒體、電玩或 Netflix 等串流平台應用程式，要讓他知道必須透過努力才能獲得使用的權利，並說明使用這些應用程式就像是開車上高速公路，必須先學會在一般道路上開車才行。
- 在孩子使用3C的初期階段，你必須密切關注他的時間管理、情緒控管和社交技能，以確保他能控制自己的行為。

當孩子掌握基本原則之後

- 給他更多權限，像是可以在聊天群組中與朋友交流等。
- 維持對孩子3C使用時間的限制，如果他想要更多時間，請詢問他打算如何管理這些時間，以及如何規範自己的使用。
- 等孩子有愈來愈多權限之後，請他列印自己的瀏覽紀錄，並一起討論他看到的內容；你也可以詢問他使用了什麼媒體，並討論感想。
- 賦予孩子一些責任，讓他協助引導弟弟妹妹、堂表弟妹、朋友或鄰居。教導別人是鞏固或掌握自己知識的好方法。

- 做好出錯的心理準備！挫折總是難免，而且也是學習過程的一部分。萬一發生問題，暫時不要讓孩子使用手機會比較好。

孩子對3C上癮了，怎麼辦？

➜了解風險因子

直覺或許會告訴你，孩子在生活中與3C的關係可能正在造成傷害。研究結果顯示，那些容易上癮的人可能擁有以下可供辨識的風險因子，請確認你的孩子是否具有可能使他容易上癮的特質呢？

- 難以與同儕建立和維持關係。
- 經常感到孤立或孤獨。
- 有一些心理健康的問題，像是焦慮、憂鬱、過動或其他精神疾病。
- 有無法控制衝動的問題，像是易怒或缺乏注意力。

• 有對其他事物的成癮症狀，像是酒精、毒品、購物、性或賭博等。

如果你在孩子身上看到上述的風險因子，那並不表示他目前一定有成癮問題；不過，他未來的確比較可能出現成癮症狀。你可以運用這些知識來學會怎麼監督他使用3C，並密切關注他的行為。

➜ 留意蛛絲馬跡

下一步是觀察有沒有什麼跡象或症狀，你可以留意孩子身體和行為上的許多徵兆，確定他使用3C時是否會有問題。另外，除了前述非玩不可、失控、強迫和不顧後果等狀況之外，也請檢視你的孩子是否出現以下症狀：

• 眼睛長時間盯著螢幕。
• 長時間沒有活動身體，一直低著頭，姿勢僵硬，當你輕推他的身體時也沒有反應。
• 在你要收起3C時，他強烈抵抗。

- 當有人評論他的行為時，會做出憤怒或防御性的反應。
- 拖延、甚至不去滿足生活上的基本需求，例如不吃東西、不喝水、不活動、不運動、不睡覺，也不進行現實生活中的社交往來。
- 不打理個人衛生，像是不刷牙和不洗澡。
- 因為使用3C而和家人發生衝突。
- 退出以前喜歡的正向活動。
- 和他人保持社交上的距離。
- 遠離3C時會感到焦慮或憂鬱。
- 當3C不在身邊時，會一直想要使用。
- 想辦法隱瞞他使用網路或電玩的程度。

與孩子好好對話

與孩子對話才能更清楚他對自己使用3C的感受，當你以一種冷靜、協助的態度，懷抱真誠的興趣接近他並認真傾聽時，你可能會很驚訝地發現他願意告訴你許多事情。如果你的孩子似乎不太懂得如何自我規範，而你想了解更多，請嘗試提出以下問題：

- 你有沒有發現自己常常想著電玩或社群媒體的事，而且頻率比自己以為的還高？
- 就算你當下想寫作業，不想玩遊戲或上網，還是很難克制自己？
- 當你無法打電玩或上社群媒體時，是否會因此心情不好、焦慮、易怒或感到無聊？
- 當你心情不好的時候，是否會依賴3C逃避問題？
- 你花在3C上的時間是否比你想的要長？
- 你有沒有一再試圖減少看螢幕的時間，卻總是失敗？
- 你有沒有因為長時間上網而導致身體不適，例如背痛或眼睛疲勞？
- 你有沒有因為過度使用3C而在學校或課外活動中遇到問題？
- 你有沒有因過度使用3C而與家人或朋友的關係出現問題？

如果你在孩子身上發現了任何風險因子或觀察到成癮的跡象，或你的孩子對上述問題有任何一題答案是肯定的，我強烈建議你要進一步評估，而且最好是由醫療相關的專業人員來進行。如果你覺得孩子正面臨成癮的危險，請繼續往下讀，了解怎麼幫助他少用3C。

如何幫助孩子擺脫令人上癮的3C？

許多父母告訴我，幫助孩子最重要的一步就是做出堅定而同理的決定。他們努力在愛與限制、堅定與彈性之間取得平衡，一邊讓3C遠離孩子，一邊給予他們許多關愛。在《要塞英雄》這個遊戲推出的那個夏天，我們將Xbox放在我先生的辦公室裡好幾個星期，讓小孩沒機會可以玩，這個決定讓我們避免了很多家庭衝突，恢復了家裡的平靜，也阻止了未來他們可能會玩上癮的問題。

身為一名20年來都在密切治療兒童、青少年和年輕人成癮症的精神科醫生，我衷心認為成癮症是可以克服的，年紀輕更是大有可為。這是一種被高度污名化和誤解的現象，也造成治療上的一些阻礙，然而我不斷看到一個個年輕人在父母介入、家人團結和大腦重整後振作的樣子，所以我對治療結果深具信心。早期介入非常有效，所以一發現狀況就請盡快諮詢專業人士，就算有可能只是自己過度擔心也沒關係。

如果你擔心孩子過度使用那些令人上癮的3C，請試試看我的六週實踐計畫（請見第321頁），藉此幫助他評估自己使用3C的習慣，並重新調整使用時間。在某些比較極端的情況下，你將需要專業的協助，但無論你的孩子是逐漸減少使用那些不良的3C，還是突然就不再使用，都需要你的支持。一般而言，普通人需要經過90天的持續改變才能養成新習慣，所以你的孩子可能需要三個月的努力才能完全擺脫對電玩遊戲或3C螢幕的依賴。在那之後，一切都會變得比較容易，但孩子仍然需要你的支持來繼續控制自己，並避免在日常生活中遇到觸發癮頭的事物。在開始之前，請按照以下內容去做：

➜ 尋求協助

如果沒有專業的幫助或同伴的大力支持，是很難治療嚴重的成癮症的。輔導員、家庭醫師或精神科醫師都能協助評估孩子潛在的醫療或心理健康問題，如果你擔心孩子的安全（自殺或自殘）、擔心他有暴力行為、離家出走或出現任何心理健康問題，這些專家都能提供必要的支持。對於住院治療、一對一諮詢、團體治療和藥物治療等方法請保持開放態度。我經常為兒童和青少年安排各種治療方法，也會開立一些不會成癮的藥物，藉此治療他們的戒斷症狀，並維護他們的心理健康，這些方法都可能大有幫助。

網路色情或賭博成癮的治療最好在專業人員的協助下進行，這在前面討論色情成癮症時就曾提到。針對每個狀況都有特定的治療方式，專業人士可以幫助你找到最適合的選擇。

➜ 預期戒斷症狀

戒斷與上癮時會呈現相反的症狀。請向孩子解釋，如果3C能幫助他放鬆、減輕壓力或與朋友建立連結，那他一開始不用3C時，會感到比較焦慮、有壓力、煩躁和疏離。

➜ 尋找同儕支持

同儕支持是凱爾和亞歷山大能恢復的重要原因，同儕支持非常有效，若能找到和孩子面臨相同問題的人，將有助於孩子面對羞恥、內疚和憤怒的感覺。他會聽到珍貴的故事和想法，知道做什麼能幫助自己復原、做什麼會導致症狀復發。最重要的是，他將有機會接觸到一群了解他、可以在復原過程中支持他的人。

➜ 改變環境

若孩子成癮嚴重，他可能很難在會觸發這些症狀的環境下做出改變，所以換個環境可能會有幫助。你可以嘗試改變臥室或地下室的狀態，並在可能的情況下把造成問題的3C移出家裡。你也可以考慮讓他暫時與親戚或好朋友待在一起，與祖父母一起度過週末也可能有幫助；如果是暑假期間，也可以讓他去參加過夜的露營活動，而參與以前喜愛的興趣與運動或尋找新的嗜好也會有很大的幫助。

我曾經有一位患者，他的觸發點包括披薩的氣味、他的地下室、嘻哈音樂和某些衣服，這些東西都會引起他的渴望。我們只好改造他的地下室，讓他在兩週內遠離所有3C（除了在監督下寫功課之外），然後用三個月，慢慢在新環境中讓他重新認識有益的3C產品。

➔ 在密切監督下重新讓孩子認識3C

在戒斷期結束後，你的孩子會需要有人協助他創造新的習慣，取代以前依賴3C時的所有情緒和狀況。比方說，如果你的孩子以前靠著3C來減輕壓力，他就需要學習新的紓壓技巧（請見第162頁）。你的孩子還需要有人幫助他擺脫渴望使用3C的舊神經迴路（他的舊習慣）。同樣地，教育、專業協助、應對技巧、同儕支持、娛樂活動和時間都是非常重要的助力，能讓孩子慢慢在你的密切監督之下重新認識3C，避免重蹈覆轍。

4 3C誘發「生存模式」的代價——皮質醇

我們的思想主導我們的一切。

——釋迦牟尼

一名13歲的患者「陳」最近跟我描述了他在學校有多麼孤獨，他說：「每個人都一直玩手機，在校車上玩，在下課時玩，甚至上課也在玩，根本沒有人會互相交談。」午餐時，陳和他最好的朋友坐在一起，但他們就和中學裡的其他青少年一樣，很少對話，而是緊盯著手機看，默默地左右滑動，打開和關閉TikTok、YouTube和Snapchat，對著螢幕上無聲播放的戲劇微笑。

查看社群媒體是陳早上醒來的第一件事，甚至排在上廁所之前；這也是他晚上睡覺前的最後一件事，他通常都是滑手機滑到睡著。八年級前的整個暑假，他幾乎都在自己的房間裡度過，和他的手機一起窩在床上，滑手機、按讚、發文、留言，幾乎沒見到住家附近的老朋友。他沒有時間找他們，網路上的社交生活已經用盡他的所有時間。

這是智慧型手機年代的中學生活。

社群媒體是否讓孩子感到壓力和孤獨？

在近年影響全世界的所有科技趨勢中，很少有比社群媒體影響力更大的，這也對青少年的心理健康造成衝擊。當社群媒體首次出現時，似乎提供了讓人們分享彼此經歷的空間，但是對於一些年輕人來說，原本看似讓彼此更加緊密的工具，卻造成了排擠、壓力、孤獨、焦慮和憂鬱。

在１９８０年代長大的我，偶爾和朋友在電視或流行雜誌上看到穿著比基尼的名人時，也會閒聊希望自己身材好一點；有時候也會希望自己受邀參加那場每個人都在談論的好玩週末聚會。但在那個年代，那些很酷的孩子都做了什麼事情，我所能吸收到的資訊很有限，我仍然有自己的一小群朋友，我們會在午餐時走到當地的便利商店一起談天說笑。

然而有了社群媒體之後，青少年可以無止境地看到同學的冒險假期、他們的健美身材以及最新的時尚，孩子們因此感到無法自拔，他們朋友的IG貼文中充斥著虛假和篩選過的照片，而朋友和同學在吃午飯和休息時也都一直盯著自己的手機看。

我之前已經提過這種現象，這是一種錯失恐懼的心理狀態。當你看到朋友和同儕在沒有你的時候一樣過得很開心，內心會感到一陣酸楚。現代的青少年因為隨時可以看到朋友過著濾鏡下的生活，便會將自己單調乏味的日子與其他人看似充滿魅力的生活進行比較。社群媒體會加劇那種被排擠、孤獨、不安全、匱乏甚至羞恥的痛苦感覺，程度之大是多數成年人從未經歷過的。然而，少有青少年早早發展出足夠的情感力量，足以對抗錯失恐懼的摧殘，因此當他們瀏覽社群媒體貼文時，不安全感便油然而生。

社群媒體是一個人們永遠在將自己與他人進行比較的空間，青少年經常接收到的痛苦訊息如下：

- 每個人都比我聰明。
- 每個人都比我漂亮。
- 每個人都比我受歡迎。
- 每個人都比我富有。
- 每個人都比我快樂。
- 這樣的比較沒完沒了……。

這些想法往往會讓年輕人覺得自己很差勁，覺得自己的服裝、父母、朋友、社交生活都不完美，進而感到焦慮，擔心自己出遊或度假的照片比別人遜色。社群媒體這個空間也會產生虛假的親密感，並讓人缺乏責任感，因為你可以刪除朋友，也可以突然消失，而平常看似真實的社群網路空間一瞬間就會變得很不真實，讓人感到空虛和孤獨。

我的中學生患者陳告訴我，他覺得自己已經失去了童年。他在六年級時，所有朋友都擁有下載了Snapchat和IG的手機，雖然那些應用程式都要求用戶必須超過13歲，而他的朋友都沒有超過那個年齡。他不再去做那些他曾經喜歡的事情，像是在下課時間跳繩、建造堡壘、玩史萊姆或是在家裡的草坪上翻跟斗等。他在那年後半開始來找我看診時，已經面對了一些原本只有成年人會遇到的問題，包括錯失恐懼、焦慮和憂鬱，他也出現了自殺的念頭。

15年前還很少看到像陳這樣年輕的患者表現出企圖自殺的行為，但如今他已不再是特例，我有五、六個像他這個年紀的患者，有些甚至年紀更小。

以下的統計數據與我在溫哥華的看診經驗不謀而合：在過去十年中，因為憂鬱、焦慮、身材問題、自殺和割腕之類自殘行為的發生率急劇上升，尤其是在10到14歲的女孩身上問題更為嚴重。當然，社群媒體的影響不僅限於女孩，但由於她們是主要使用者，因此在她們身上所展現出來的結果也更加明顯。

現在孩子們獲得第一支手機的年齡已經下降到10歲，所以我們看到與陳同齡的孩子（也就是所謂的Z世代）開始出現精神上的問題，也不用太過驚訝。接下來我將解釋原因。

Z世代發生了什麼事？

聖地牙哥州立大學的社會心理學教授珍・特溫格（Jean Twenge）是一名研究世代差異的先驅，她注意到青春期女孩的行為和情緒會有急遽的轉變，起初她和其他研究人員都認為這些狀況只是暫時的，但這種趨勢卻持續了數年。她在《i世代》（*iGe*）一書中提到，在她所知的所有世代資料分析中從未見過這樣的事情，而那些資料有些甚至可以追溯到1930年代。

特溫格最初對那些將所有生病的Z世代都歸咎於網路使用的人持懷疑態度，她寫道：「這麼去解釋青少年心理不健康的原因似乎太容易了，而且沒有什麼明確的證據。」但她愈是去尋求解答，就愈是回歸到兩條看似不相關的趨勢線上，也就是青少年心理健康問題的增加和智慧型手機的普及。

2012年開始，年輕女孩感到孤獨、出現憂鬱症和自殺行為的比例激增，這剛好與智慧型手機達到市場飽和的時刻相吻合。當時超過一半的美國人都擁有一支手機，美國的資料還顯示，從那時候開始青少年與朋友和戀人共度的時間急劇下降。

- 戰後嬰兒潮和X世代的人們，大約有85％會在高三時開始約會；到了2015年只剩下56％會這麼做。
- 在1970年代後期，高三生中有52％幾乎每天都會和朋友聚在一起；到了2017年只有28％會這麼做，在2010年之後的降幅尤其明顯。
- 在2017年針對高三生的調查中，39％的人表示他們經常感到孤獨；2012年則只有26％。
- 在2017年針對高三生的調查中，38％的人表示他們經常感到被冷落；2012年則只有30％。

青少年開始花更多時間在手機和社群媒體上，並減少與朋友聚在一起的時間，研究人員開始注意到青少年這種心理健康上的驚人變化，像我這樣的精神病學家也注意到了，這種變化在女孩中又比男孩更明顯：

- 2012年至2015年間，少女的憂鬱症增加了50％，男孩則增加了21％。
- 自2010年以來，女孩的自殺率增加了70％，男孩的自殺率增加了25％。

- 在過去十年中，因自殘而入院治療的15至19歲少女增加了62%。
- 10到14歲的女孩，住院人數比例激增了189%。

這些趨勢不僅限於十幾歲的孩子，大學年齡層的孩子也受到了影響：

- 在即將升上大一的新生中，感到「惶恐」的比例在2017年上升到41%；這個數字在2010年時只有29%。

憂鬱症和自殺顯然是由很多原因所造成的，因此對研究人員來說，想要了解為什麼會有很高比例的青少年突然出現孤獨、焦慮、憂鬱和自殺傾向是一大挑戰，他們可能可以得出一些相關性，但卻無法歸咎出原因。不過，由於這些大幅度的變化是在相對較短的時間內發生的，所以也有助於縮減可能原因的範圍。

焦慮和憂鬱的症狀是早在IG出現之前就存在的病症，但是一天24小時都要回覆Snapchat、要在社群媒體上發文、要瘋狂追蹤同儕濾鏡下的美好生活，並不是X世代必須處理的問題，就算是千禧世代的孩子，也是到長大成年後才必須學習面對這個新現實。

我已經開始治療一些非常年輕的女性患者，她們對自己的身材認知有障礙，罹患了厭食症和暴食症。我認為自拍文化是造成這種情況的重要原因，自拍為年輕女孩帶來了更多的曝光機會，卻也必須承受更多他人的眼光。孩子們十歲開始就會關心社群媒體，除非你有堅定的自尊心，不會嫉妒他人，又能非常理性地提醒自己在社群媒體上發布精彩的生活是一種怎樣的行為，否則很難不受影響。

唐娜．弗雷塔斯（Donna Freitas）在其著作《幸福效應》（*The Happiness Effect*）中將臉書稱為「引發嫉妒的CNN」，臉書就像24小時播放的新聞報導，不斷告訴你誰很酷、誰不酷、誰很潮、誰很遜。社群媒體可能只是原因之一，但它的確影響了青少年的心理健康。

IG女孩，Xbox男孩

成長於今日的多數孩子都經常盯著螢幕，但正如我上面引用的一些統計資料所顯示，當談到3C的使用問題時會出現明顯的性別差異。雖然社群媒體對女孩的身材、外表以及憂鬱和焦慮的發生率有很大的影響，但男孩更有可能對3C上癮，尤其是電玩遊戲。

正如我們在前一章中看到的，這些平台開發人員知道青少年希望能展現他們的能力，並獲得成就來引發同儕的讚賞，所以才會把像是遊戲幣、現金箱和升級等獎勵制度放入遊戲中。這些精心策劃的獎勵制度會刺激男孩的多巴胺分泌，讓他們連續玩上好幾個小時也不會厭倦。而隨著這些遊戲變得更先進、更讓人身歷其境、更具社交性也更方便攜帶之後，男孩們對遊戲成癮的比率也大幅飆升。

性別並非二元論，女孩也有對電玩遊戲上癮的風險，就像社群媒體也會讓男孩更容易罹患憂鬱症和其他問題一樣，但不論如何，這些研究結果都有助於我們了解造成憂鬱症、自殘、自殺、陷入痛苦和喪失潛力的可能因素。

壓力反應

首先要了解的是，當我們的生命受到威脅時，壓力是一件很好的事情；但當我們的生命沒有遭受威脅時，壓力就會對我們產生危害。青春期這段期間本來就可能會有很多壓力，青少年還得應付這些有害身心的3C，使他們原本就沉重的負荷更為加劇。另一方面，逆境可說是青少年生活的一部分，新的經歷、過渡期、最後期限和壓力都會讓他們有不確定、焦慮、惶恐和害怕的感覺，學會應付這種情況以及生活中的挫折是他們成長過程的一部分，但我們並不希望這些年輕人活在痛苦之中。

你有沒有想過，當孩子在瀏覽社群媒體或玩第一人稱射擊遊戲，同時變得更加疏遠、易怒和充滿壓力時，他們心裡在想些什麼？孩子的大腦會不斷掃描環境中的威脅，並與他們身體的其他系統進行交流，以決定如何處理這些威脅。當他們的大腦察覺到危險時，會發送警報信號，傳給位於腎臟上方的兩個核桃大小的腎上腺，這個行為類似於突然踩下油門的動作，會引起腎上腺素和皮質醇這兩種身體的緊急警報荷爾蒙激增，讓身體的能量爆發後展開行動。這兩種荷爾蒙會啟動恐懼中樞，讓我們遠離危險。

腎上腺素只在短期內起作用，而皮質醇的作用則更持久。腎上腺素會使孩子的心臟跳得更快，並讓血液分流，為下一步做準備，讓他們能做出「僵住、戰鬥、逃跑」的反應。這些是身體對壓力的保護性反應，目的在於應付即將逼近的危險。

當孩子們準備應付威脅時，他們的呼吸會加快、變淺，血糖值會升高。腎上腺素的短期釋放其實對他們有益，因為那會提高警覺性和能量，改善記憶力，並將血液引導到肌肉、心臟和大腦以提供能量，世界上的每個人在察覺到威脅時都會做出類似的反應。

◎健康的壓力

生命受威脅所產生的壓力屬於健康的反應：

➜ **僵住**：遇到熊時，身體要你躲好，細聽樹叢動靜。

➜ **戰鬥**：身體告訴你要擊退咬你的惡犬。

➜ **逃跑**：身體告訴你要逃離追來的猛虎。

雖然偶爾釋放腎上腺素和皮質醇來避免危險是生存的關鍵，但與壓力反應相關的荷爾蒙如果持續釋放，卻會對身心健康產生嚴重後果。長期持續分泌大量皮質醇會導致失眠、焦慮和憂鬱，還可能抑制免疫系統，產生腸道和肌肉萎縮的問題，並減少骨骼成長，造成發育不良，也破壞大腦結構的發育。

人類在物種中是獨一無二的存在，我們發展出了能夠思考的大腦，因此我們是唯一可以透過想法觸發壓力反應的物種。我喜歡將大腦的工作方式與電腦的操作系統進行連結，在面臨巨大壓力時，我們的大腦會一下子充滿皮質醇，就像打開過多視窗和程式造成電腦當機一樣，然後就會出現令人厭煩的藍色圓圈不斷旋轉（僵住），那會讓你生氣（戰鬥），或者你會將電腦關機並離開（逃跑）。

簡而言之，我們不需要真正遇上危及生命的情況也能進入生存模式，只要透過瀏覽 IG、玩遊戲或單純一直被打斷，就能釋放腎上腺素和皮質醇。而當這些情況是在日常生活中反覆發生時，就不是一種健康的壓力反應。

◎不健康的壓力

單純因為想法而產生的壓力，屬於不健康的反應：

➜**僵住：**大腦面對壓力會焦慮、拖延、迴避或優柔寡斷。

➜**戰鬥：**大腦以焦躁、生氣、暴怒或被動攻擊型抵抗來處理壓力，被動攻擊型抵抗包括對立和偏執等行為。

➜ **逃跑：**你的大腦透過精神上的逃避來處理壓力，可能是透過服用藥物或是去做其他事來逃避，像是反覆查看社群媒體、玩遊戲、網路購物等。

儘管比起過去幾個世紀來說，我們經歷的飢荒和戰爭已經少很多，但社會價值觀的轉變和不健康的生活方式仍然讓我們壓力倍增。從長遠來看，壓力會造成精神疾病、心臟病和癌症，奪人性命，因此世界衛生組織才會宣布壓力是二十一世紀的第一大健康流行病。

生存模式與成長模式

人體配備了一個複雜的神經網路，稱為自律神經系統，負責調節我們的心率、呼吸、血壓等，這個系統有兩個組成部分。當我們遇到威脅時，為了因應，交感神經系統會啟動身體的強烈反應，使我們處於生存模式。此時，身體的所有能量都被轉移到能幫助我們「僵住、戰鬥或逃跑」的求生機制中，使我們沒有餘力去成長、學習、復原、適應或創新。

只有當我們處於成長模式，也就是副交感神經系統被啟動時，以上那些活動才會發生。這個系統只有在我們沒有壓力時才能運作，當我們感到放鬆和平靜時，它的效果最好。

當無關生命安全的原因反覆觸發年輕人的交感神經系統，並讓他

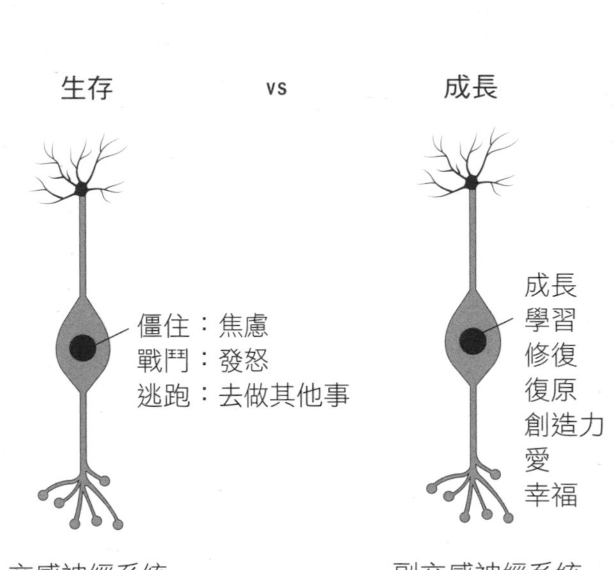

們進入生存模式時，他們就會遇到嚴重的問題，這種狀況會在他們經歷長期的日常壓力時發生。某些應用程式、遊戲和網站不斷引發孩子的焦慮和恐懼，告訴他們自己不夠酷、不夠漂亮、不夠瘦、不夠聰明，或是告訴他們錯過了朋友的聚會或沒受到邀請，這些不斷湧現的壓力反應會使發育中的大腦充滿過量的皮質醇。

這種反覆觸發也因為加強了相關的神經迴路而讓壓力成為一種習慣，而我們知道，開發出來的神經迴路愈多就愈容易被觸發。請記住，孩子的生活是由他們所走過的道路串聯而成。

更糟的是，過度興奮這種異常高漲的焦慮狀態會抑制大腦的額葉（也就是負責情緒調節的區域），讓年輕人很難控制情緒。他們可能會變得焦慮和優柔寡斷（僵住），或是當家長試圖限制他們使用3C時，會強烈反擊（戰鬥），又或者他們可能會開始沉迷玩遊戲和社群媒體或濫用藥物（逃跑）。這些都是大腦承受過大壓力的跡象，需要加以解決。

雖然恍神和放空基本上已經成為許多孩子的常態，但這都不是日常生活中的健康反應。當你的孩子放空時，他並沒有真正去處理自己的想法和情緒，只是在壓抑或迴避，處於逃跑模式，因而錯過了辨別、理解、管理和交流感受的機會。

辨別、理解、管理和交流自身感受的這種過程被稱為「情緒調節」，是一種基本的生活技能，能為我們帶來健康、幸福與成功。

壓抑的情緒會導致更多的壓力，並讓精神更加渙散。到最後，用3C來應付壓力的孩子可能會因為焦慮、憤怒和精神不濟而大受打擊，而且不知道該怎麼在現實中過生活。他們的學業成績可能會下降，可能失去對運動的興趣，人際關係也可能受到影響。

3C科技和隱藏的壓力

除了錯失恐懼、人際比較、時間管理不善、孤獨、精神渙散和對身材與外表不滿之外，還有許多與3C科技相關的常見行為是跟壓力有關的。

下面列出的行為都會引發孩子的壓力反應，尤其是當他們同時採取其中不只一項的時候，而這在孩子使用3C時經常發生。這些行為會讓孩子的大腦認為他們面臨了威脅，從而觸發交感神經系統。有些孩子可能只是一直坐著或者沒有眼神交流，看起來似乎沒有什麼明顯的壓力，但你必須知道，孩子的舊石器時代大腦不知道長時間坐在洞穴中和長時間坐著打電玩之間的差別，他們的神經元只知道他們沒有動作，並想探究原因：是因為附近有掠食者嗎？還是颶風來了？這會向他們的系統傳送強大的信號：危險！大腦會誤判自己受到了威脅，並啟動壓力反應。

◎鮮為人知的壓力觸發因子

- **睡眠剝奪**：神經元不知道我們熬夜是因為在上網，而是會認為因為周圍有太多危險，所以我們才無法入睡。
- **久坐**：一項針對一萬兩千多人、為期12年的研究發現，即使納入了年齡、吸菸和活動量等變數之後，久坐的人還是比少坐的人早死機率高出五成。
- **彎腰駝背地盯著筆電**：我們拱起的肩膀和彎曲的脖子會向神經元發出信號，表示我們正躲在洞穴中躲避危險。
- **缺乏眼神交流**：神經元不知道我們為什麼要孤立自己、不看他人，因而判斷我們一定是遇到了危險。

我們也必須處理負向認知偏誤？

除了以上談到的狀況之外，青少年還必須面對人類天生就具備的心理機制：負向認知偏誤（negativity bias），這種心理機制會導致我們更加關注壞事，而忽略了好事。如果你曾經注意到自己一直忘不了某人對你的侮辱、上班時犯過的錯誤、即將到來的截止日或某段艱難的對話，那麼你經歷的就是這種現象。

簡單來說，就是負面事件比正面事件對我們的心智有更大的影響。這就是為什麼社會學家發現需要五次讚美才能彌補一次批評的原因，這種負向認知偏誤會對行為和決策產生重大影響。

我們之所以會特別擔心發生問題，和人類的進化史有關，尤其是在那個草原上有劍齒虎遊蕩的時代，所以大腦才會以這種方式運作。問題是我們愈去動用這樣的負向迴路，就愈容易養成被稱為「思維陷阱」的負向思考習慣。我在下面列出了一些比較常見的狀況，如果你身邊有青少年，你可以和他一起檢視以下狀況，我保證你們都有類似的經歷或見聞。

- **選擇性注意**：你會忽視正面的意見，只選擇去注意負面的意見。比方說，你將一張新照片放上IG並收到十個讚美，但你只會注意到那則尖酸刻薄的留言。
- **妄下結論**：你會負面地解釋事情，即便事實並非如此。比方說，你會因為最近都沒有收到朋友的訊息，就假設朋友在生你的氣。
- **非黑即白的思維**：你認為事情非黑即白，沒有介於兩者之間的可能性。比方說，你在臉書上發布了新的大頭貼卻沒有很多人按讚，你就會擅自認定是這張照片很醜，而不會去想說那時候是週日下午，你的朋友可能是在戶外享受陽光，還有很多人其實已經刪除了臉書等事實。
- **以偏概全**：你將單一的負面事件視為一種永遠失敗的模式。比方說，你沒被邀請進某個聊天群組，你會說「我從未被邀請」或「我總是被排除在外」之類的話。
- **自以為能讀心**：你跟自己說，有人對你有負面的看法或負面的反應，例如你會將只有一個字的簡訊視為一種侮辱。
- **自我責備**：你認為自己要為自己無法掌控的事情負責，比方說，當你最好的朋友沒有被邀請到另一個朋友的聊天群組時，你會責怪自己。

我們從經驗中知道，雖然恐懼和憤怒等負面情緒會在幾秒鐘內湧現，但這些情緒從我們心裡褪去的時間卻是要長得多。現在想想你上網的經歷，網路上經常充斥著憤怒和極端的內容，討論也經常落入情緒化，社群媒體的貼文更是經常令人感到被冷落和焦慮。正向的故事無法吸引我們的注意力，正如電腦科學家卡爾・紐波特（Cal Newport）在他的書《深度數位大掃除》（*Digital Minimalism*）中所寫的：「對於重度網路使用者來說，與這個黑暗世界的反覆互動會讓人不斷陷入負面的情緒中，許多人可能都沒有意識到他們迫切想要上網這件事必須付出如此高昂的代價。」

壓力與挑戰

請別誤會，我並不是期待你的孩子在長大成人的過程中，完全不會看到任何負面的內容或遭遇不順遂的事情，某些逆境對他們來說反而可能是未來人生的助力。源自大腦下方區域的慢性壓力對年輕、發育中的大腦來說是有害的，但挑戰卻不一樣。挑戰能讓孩子以新的方式去思考、制定策略和嘗試新事物，而位於較上方的皮層區則會啟動新的思維模式，讓他們學會跨越障礙、解決問題，因此不斷挑戰對孩子的大腦來說是有益的。

讓孩子面對挑戰最好的方式就是引導他們在自己的「挑戰區」內從事活動，這個區域介於過於容易和過於困難之間，是最適當的區域。這些活動會讓他們的前額葉皮層活絡，而這是大腦進化最多的區域，被稱為「思考中心」。過於簡單的任務無法讓孩子的思考中心活躍，太困難的任務

面對壓力和挑戰時的大腦活動

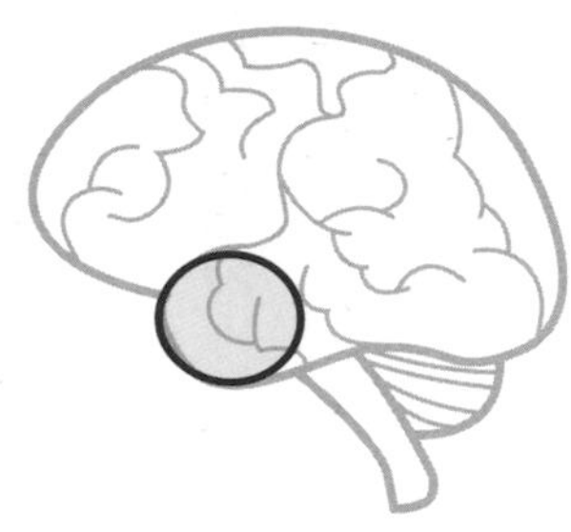

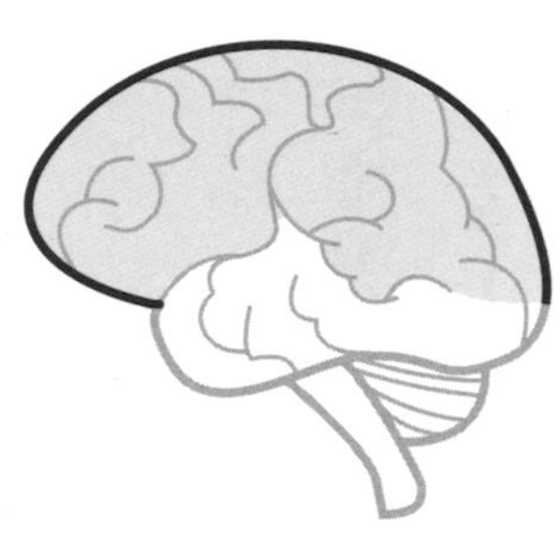

壓力　vs　挑戰

則可能會觸動大腦的邊緣系統或「感情中心」，引發壓力反應。在「挑戰區」內從事活動能讓孩子一邊學習一邊重塑神經迴路，這正是奇蹟產生的地方。

◎為什麼挑戰對孩子有好處？

- 面對挑戰時，大腦會釋放多巴胺，讓孩子感到愉悅。
- 面對挑戰時，大腦會釋放血清素，讓孩子充滿自信和幸福感。
- 面對挑戰時，前額葉這個思考中心會被啟動和活化，該區域和重要的認知技能息息相關，包括判斷、記憶、語言、情感表達、計畫、目標設定和解決問題。
- 面對挑戰時，大腦會獲得強化，就像跑步或騎自行車時腿部肌肉會增強一樣。
- 面對挑戰會讓孩子學會如何調整、適應並從失敗中站起來。

青少年的大腦不需要更多壓力

如果你觀察身邊的青少年，應該會發現他們瀏覽社群媒體時，很快就可能讓仍在發展中的敏感思維失控。請記得，青春期也恰好是高度壓力的發展時刻，大腦正在整理許多事情，像是身分認同、人際關係和性取向等，在一般青少年生活中已經有這麼多變化的時候，若再加上3C的使用，會讓這段高壓期的壓力達到前所未有的程度。

研究發現，成年人和青少年的大腦以不同的方式處理訊息。成年人通常會使用已經發育完成的前額葉皮層，也就是大腦中負責理性思考的部分（當然，這並不表示成年人永遠都會理性思考）。然而，前額葉皮層在青少年時期並未發育完全，因此他們就會依賴大腦的情感和反應區域來行動，所以他們才需要練習、學會自我調節（讓自己冷靜下來）。青少年需要你的協助來學習和運用面對壓力時的技巧，搞懂怎麼採取其他行動，並適應有時甚至會讓人惶恐的新情況。

青少年的大腦情緒或感覺區域（邊緣系統）與其決策或思考中心（前額葉皮層）之間的連結仍在建構中，神經橋樑也還沒有完全接起來，仍然是由邊緣系統負責主導。你的孩子是否曾經對某事產生極為劇烈的反應，但後來卻無法解釋他當時到底在想什麼？針對這個現象在神經學上有一種解釋，是因為他大腦的主導區域接管了局面，使他無法做過多的思考，而只是去感受和反應，這也是使青少年大腦對3C的使用更加敏感的原因，但大多數父母並不明白這一點。

無論你的孩子多會踢足球或在物理科目中獲得多高的分數，他的大腦都還沒有足夠的判斷力，至少在這個時期還沒有。孩子前額葉皮層中的認知控制網路正在快速成熟中，但要到24歲或25歲才會發展完成。

更糟糕的是，青春期也是自我意識增強的時期，所以孩子很容易感到丟臉，他們會不斷在內心批判自己，像是：「我穿的衣服是不是很滑稽？我剛剛是不是說了些蠢話？我怎麼會不知道那些事呢？我怎麼還沒做那件事呢？」

正如我們在第3章中所談的，青少年的大腦受到多巴胺這個負責獎勵的神經化學物質所驅動，會去從事冒險的活動、尋求新奇的事物和取得同儕的讚賞。當孩子進入青春期時，他們會希望加強、擴展朋友網絡。

在過去，靈長類動物必須在青春期時冒險到部落外尋找配偶，而在穿越大草原時，牠們必須抵禦沿途遇到的各種野獸。在如此危險的地方冒險能獲得的回報就是體驗新奇的事物、擁有新的關係、獲得性經驗和繁衍的機會。現今青少年的大腦仍然是以同樣的方式建構，他們仍然渴望與他人建立連結以獲得安全感、支持的力量與慰藉。

青少年常會冒著非常愚蠢的風險來給朋友或潛在伴侶留下深刻印象，但也可能根本沒有什麼特別的原因，比方說他們可能會一邊開車一邊發訊息，可能會吸毒、酗酒或在沒有保護措施的狀況下進行性行為，青少年比任何其他年齡層的人都承擔更多的風險。

這就是為什麼家長從小就要教會孩子認識自己的情緒，也要讓他們了解社群媒體對他們情緒和行為的影響。參與地位競爭（status competition）並不是什麼新鮮事，在我們年輕的時候這種情況尤其常見。我們會比較外表、髮型、機會、朋友、成功和失敗。一般人總是會不斷尋求認可和肯定，但今日的年輕人是在壓力驅使下被迫在社群媒體上展示虛假的自己，呈現出幸福、完美、受歡迎和纖瘦的模樣。由於社群媒體對他們的心理健康產生了巨大的影響，我們得幫助青少年了解社群媒體如何影響他們的自我意識和人際關係才行。

學會從批判和哲學的角度來思考3C在生活中的作用和影響，將使青少年面對如何使用、何時使用以及何時登出這些問題時做出更好的決定。我的患者陳曾經告訴我：「我沒有發現社群媒體對我的影響有多大，我無法想像沒有社群媒體的生活，但我也知道社群媒體讓我變得瘋狂。」

是時候重開機了嗎？

當父母告訴我，他們的孩子真的無法登出電玩遊戲或社群媒體時，這些孩子可能已經過度依賴3C而失控，這時我會明確告知父母需要出面干預。這表示要改變孩子用3C來面對壓力的做法，讓他們發展出真正能因應壓力的技巧，這時有可能也需要尋求專業協助。

我有一名15歲的病人布蘭妮，她在IG上有990位粉絲。她也和75%的青少年一樣使用Snapchat，要是在上面的分數太低會讓人感到壓力和丟臉，所以她必須不斷向朋友發送照片，賺取積分來提高分數。當布蘭妮第一次來看診時，她覺得自己有義務按讚，也有責任為所有朋友的發文留言，她每晚都要花好幾個小時做這些事。

對布蘭妮來說，社群媒體有時就像是一份兼職工作，身為智慧型手機普及時代的青少年，她被迫參與這場演出。她就是自己的品牌，她以有趣的貼文、花費好幾個小時編輯的完美影片和修圖照片來包裝自己，主題包括她的狗、臥室、新泳衣、新髮型和新女友，這讓她沒有時間寫功課、和家人聊天，甚至沒有時間睡覺。當布蘭妮發文卻沒有很多人按讚時，隨之而來的焦慮會擊垮她，讓她充滿焦慮、自我憎恨，同時羞愧萬分。

當布蘭妮的父母第一次來診間時，他們告訴我無法讓女兒離開手機，他們試過禁足、不發零用錢，但都沒有效果。當他們嘗試關閉無線網路時，布蘭妮選擇離家出走。

我明確向他們表示，他們處理布蘭妮手機濫用的方式必須和對待吸毒者一樣。為了讓布蘭妮更快復原，她必須在三個月內遠離IG、Snapchat和其他所有社群媒體的毒害，包括在家裡和外面都一樣。在那之後，她必須學會與手機建立健康的關係，否則就得停止使用，這樣才有可能啟動和建構健康的3C迴路，並將對她造成傷害的舊迴路覆蓋起來。

不要忘記，孩子必須靠你設定界限。父母的限制能讓孩子了解到自己正在受到照顧，也能讓他了解自己不能總是隨心所欲。要讓他知道自己可以透過時間、耐心和成熟的心智來學習，如果缺乏父母的帶領，他可能永遠不知道這些事。無論孩子多常表現出自制能力，擁有過多的權力對他來說都是危險甚至可怕的。孩子內心也知道自己需要成年人來負起責任，必須依賴父母引導自己的行為。

因此，當你介入並為孩子的3C使用設定嚴格的界限時，你可能會對結果感到驚訝。我曾經有個名叫羅吉的患者，他因為用電玩來消除生活中的壓力而漸漸上癮。他的父母一再設下打電玩的時間限制，但當時15歲的羅吉卻經常打破規則。他的問題很嚴重，他幾乎不睡覺，而且高一課程大多不及格。他的社交活動主要是在網路上，每當家人拉他去餐廳吃飯時，他都會大聲抱怨和調皮搗蛋，最後搞到每個人都生氣之後回家。那時候的羅吉，幾乎全部的時間都一個人待在地下室的臥房裡。

他和父母的關係非常惡劣。有一次羅吉的成績太差，父母禁止他使用 Xbox 兩星期，但某天深夜羅吉偷偷跑到爸媽臥房，找到了被藏起來的主機。那天晚上他偷玩遊戲，爸爸發現了，氣到下樓去拆下 Xbox 主機，再打開後門，把主機砸向後院的柵欄。他的媽媽很害怕，認定羅吉會抓狂，在盛怒之下破壞房子或逃家，她甚至覺得可能得報警處理。

不過，後來並沒有上演這樣的全武行，什麼事都沒有發生，羅吉只是待在房裡。起初他氣得抓狂，但幾個小時後，他說自己的頭腦開始清醒了。他感到很無聊，因為爸媽早就沒收了手機，所以他開始在房間裡東看西找，找到了《邊緣小子》（*The Outsiders*）這本小說，那是他學校英語課的指定讀物。他讀了前幾章，而且一點都沒有想玩 Xbox 的衝動。他知道自己沒辦法玩了，因為主機已經在後院被摔成碎片。後來因為小說太有趣了，他一直讀到睡著為止。

第二天早上，羅吉的父母做好了迎接一場戰爭的準備，然而當羅吉上樓吃早餐時，他所做的第一件事竟然是感謝爸爸。他說：「我很久沒有好好睡了，知道我不能再玩遊戲其實讓我鬆了一口氣，真希望你在一年半前就這樣做了。」六個月後，羅吉的媽媽告訴我，他們度過了好幾個月的溫馨家庭時光，他們家已經好幾年沒有這樣了。

這個家庭的故事並非特例。在像羅吉這樣的極端情況下，使用父母強大的權威（雖然是可以用更溫和的方式表現）最後通常能被孩子所接受。羅吉這個故事中的重點是：成年人和青少年大腦之間有明顯的差異，而限制和界限有其重要性。羅吉深受當下的問題所苦，所以他用3C來控制焦慮和煩躁，想讓自己逃離生存模式。但他的爸爸明白長期濫用3C的後果，透過消除驅動不良壓力反應循環的機制，他讓羅吉找到方法，重回成長模式。

◎小提醒

- 在近年影響世界的所有科技趨勢中，很少有比社群媒體影響力還大的，其對青少年的心理健康影響也是前所未見。
- 焦慮、孤獨、憂鬱和自殺行為的發生率從2012年開始飆升，那正好是智慧型手機達到市場飽和的時候。
- 資料還顯示，青少年與朋友和男女朋友在一起的時間急劇下降。
- 由於科技對青少年的心理健康產生巨大影響，我們需要幫助他們了解科技如何影響自我意識，也要教會他們面對壓力的技巧和如何處理人際關係。

- 當談到3C科技濫用這個議題時存在著明顯的性別差異。女孩受IG等社群媒體影響最深，男孩則受Xbox等電玩遊戲影響最深。
- 青少年的大腦中，負責理性和長期策略的區域要到大約25歲才會發育完成。
- 只有在需要應付危及生命的情況下才應該產生壓力。
- 壓力會導致僵住（焦慮）、戰鬥（煩躁）和逃跑（分心）的反應。
- 孩子的身體只能在短期間內吸收少量的壓力。
- 你要幫助孩子從生存模式轉變為成長模式。
- 你要教導孩子接受挑戰的同時卻避開壓力。壓力和挑戰帶來的效果是相反的，挑戰可以改善他們的健康，讓他們幸福和成功。
- 挑戰是孩子生活中不可或缺的一部分，壓力和痛苦則不是。

聰明3C教養法

如何面對3C帶來的壓力？

在本章中，我們討論了你孩子的身體只能在短時間吸收少量的壓力，然而過度使用3C會引發長期的壓力，像是睡眠不足、姿勢不良、時間管理不善、分心、錯失恐懼和內化有害的訊息，覺得自己不夠酷、不夠漂亮、不夠瘦、不夠聰明等。這種持續性的壓力會使他們發育中的大腦充滿過多的腎上腺素和皮質醇，並建立起破壞性的神經迴路，隨著年齡的增長更容易引發壓力。

在接下來的內容中，我將告訴你怎麼減輕使用3C時帶來的壓力，也將告訴你一些策略，讓你能教孩子怎麼健康地面對壓力。

◎別做的事

- 不要忽略壓力反應的跡象，包括焦慮、易怒和分心等。
- 不要讓孩子用3C逃避生活中的壓力。
- 不要將壓力與挑戰混為一談。
- 不要屈服於自己的負向認知偏誤和思維陷阱。
- 不要將經常處於壓力之下的狀況視為常態。

◎應做的事

- 討論處於生存狀態和成長狀態時的區別。
- 鼓勵有益健康的挑戰。
- 教導孩子面對壓力的技巧。
- 對抗負向認知偏誤。
- 挑戰思維陷阱。

• 注意隱藏的壓力觸發因子。

◎特別留意

帶孩子遠離任何會引發壓力反應的科技產品，讓他遠離社群媒體上的比較、錯失恐懼、睡眠不足、長期姿勢不良等危害。

◎限制和監督

要完全避開社群媒體和科技產品可能不切實際，建議應該透過討論、限制和監督孩子的使用習慣，等他能夠在沒有上述問題的情況下自我規範，再給予更多的權限。

教導孩子面對壓力的技巧

這種技巧是我們的孩子在感到惶恐、壓力、焦慮或沮喪時可以使用的實用工具，所有孩子都需要學習和掌握這些技巧，並藉此管理、減少皮質醇引起的壓力反應。

在此我將概述三種類型的技巧，分別是保留休息時間、與他人互動、玩耍，我也會解釋如何建立積極的行為模式。

➔保留休息時間

休息可以讓我們的身心安頓並感到安全，只要拔掉電源，從忙碌的生活中休息一下就夠了。呼吸是一種非常有效的技巧，教孩子練習休息或安靜下來，這時候應該閉上眼睛，放鬆並讓思緒飄蕩，即使只有幾分鐘也好，地點可以是在書桌前，也可以是在車子裡。

我相信透過緩慢而深層的呼吸，能最有效地減輕壓力，並使孩子從生存模式進入成長模式。我們經常會落入淺呼吸的習慣，這種呼吸只會讓空氣抵達肺部。當我們姿勢不良、衣服太緊和壓力太大時都會造成比較淺的胸式呼吸，而當我們緩慢地深度呼吸時，肺部和橫隔膜中的感受器會因為空氣壓力而擴張，這種擴張會向我們的神經系統發出訊號，表明我們安好，進而關閉壓力反應，並轉換為成長和復原的模式。

一旦你的孩子掌握了深呼吸的訣竅後，他就可以在任何地方自由運用，不論是在醒來後不久、睡覺前、放學回家的路上，或者單純只是在他需要片刻平靜的時候。

在我們家裡都會練習深層和調節式的呼吸。你可以先與孩子一起嘗試以下練習，然後再鼓勵孩子自己做。當我們與孩子一起呼吸時，我們的身體會透過美妙的共享節奏與他的身體同步，從而獲得更多好處。如果你在靜坐時進行腹式呼吸，請注視著孩子的眼睛，對他微笑，透過陪伴加深你們之間的羈絆。

◎ 深呼吸練習

任何年紀的人都能透過這種呼吸練習來放鬆，幼童喜歡腹式呼吸，尤其是當你將動物玩偶放在他的肚子上時，讓玩偶跟著呼吸上下起伏會讓他覺得很好玩。

- 找一個安靜、舒適的地方讓孩子坐下或躺下來。
- 教孩子用鼻子慢慢吸氣，再用嘴巴慢慢呼氣。緊繃的下巴會向我們的大腦發送壓力的訊號，而放鬆、張開的下巴（像是打哈欠的時候）則會發送安全的訊號。
- 當孩子掌握竅門時，請他慢慢把氣帶入腹部，並感覺腹部擴張；當他呼氣時，引導他慢慢吐氣，並留意自己的腹部是怎麼收縮的。
- 先從三個呼吸開始，然後逐漸增加次數，等孩子完全放鬆後就可以結束這一回合。

➜ 與他人互動

無論是家人、朋友，甚至是寵物，社交連結都能幫助我們感到安全和安定，與他人共度歡樂時光是面對壓力時一種很有力量的技巧。

引導孩子練習有意義的社交連結，即使只有幾分鐘也好，讓他擁抱寵物、與祖父母視訊，或是給他一個早安或晚安的擁抱。鼓勵他養成與兄弟姊妹、堂兄弟姊妹或朋友進行一對一交流的習慣，每個人都會從中受益。

嘗試每天與孩子不受干擾地獨處幾分鐘。相信我，我知道這比聽起來難得多，但當我們全神貫注在孩子身上時，他會感受到我們有多麼關心，能加強彼此之間的連結。

➜ 玩耍

當你的孩子嘗試新事物或將時間花在他熱愛的嗜好和興趣上時，會啟動前額葉皮層，並從生存模式轉變為成長模式。由於玩耍會激發好奇心、探索心和玩心，所以也會抑制皮質醇的釋放。畢竟身體不可能一邊玩、一邊處於緊繃的狀態，所以玩耍是處理壓力時一種很好的技巧。

指導孩子每天都要盡情玩耍，即使只有幾分鐘也好。在我們家裡，蹦蹦床是我們緩解壓力的道具，在上面彈來彈去時很難有壓力，也很難忍住不要大笑。我們也喜歡在廚房舉辦跳舞大會，而且我們一有機會就會互相惡作劇。

教孩子對抗負向認知偏誤

孩子的大腦天生就對壞消息更敏感，但如果你能幫助他在年紀還小時學會看到生活中的美好事物，他長大後就更容易做到這一點。在壞事中看到好事是一項需要時間和練習的技巧，不妨使用以下策略來幫助孩子從各個角度看事情：

- 討論日常生活中遇到各種情況時的好處和壞處，讓他能看到事情的兩面。
- 告訴他，你曾經發生過一些不好的事件，但最後卻有好的結果。比方說，你可能沒有獲得某個工作或未被選入某個團隊，但這最後讓你找到了更好的工作或進入了更好的團隊。
- 當事情出錯時，問問孩子：「在這種情況下是否還有什麼轉機？」如果他還看不到或感覺不到，請讓他試著發揮想像力。
- 生活中的挑戰和失敗能增強韌性，當孩子面臨困難時請告訴他，這些挑戰和障礙能讓他變得更強壯，也更有能力復原。

挑戰思維陷阱

為了幫助孩子處理負面的想法，你應該鼓勵他面對，而不是選擇忽視或逃避。你可以詢問孩子以下問題來協助他，而你可以用盟友的身分來發問，也可以用風趣的問法讓他們笑出來，大笑是改變情緒的好方法。

- 最壞的情況會是什麼？
- 如果真的發生了，你該怎麼處理？
- 你是否陷入思維陷阱？
- 有什麼證據能證明這個想法是正確的？
- 有什麼證據能證明這個想法不是正確的？
- 你是否將自己單方面的想法與事實混淆了？
- 如果朋友有同樣的想法，你會跟他們說什麼？
- 從等級一到十，這個問題處於哪個等級？

教孩子遵守基本的生活規範

我們說過當孩子玩3C入迷時，會觸發一些壓力因子，讓他陷入負面情緒。這有時很難避免，所以我們才必須在網路生活與現實世界的互動中找到平衡。請思考一下以下策略來幫助孩子對抗這些潛在的壓力源：

- **調整睡眠**：還記得第2章提過的睡眠指南嗎？請盡量遵照這些指南。避免睡眠不足的最好方法就是重視睡眠，睡眠能使大腦充滿活力、進行修復和重新連結。我知道現在的孩子要面對功課、考試、體育活動還要旅行，每晚都睡飽是不太可能的，但還是要盡力而為。父母可以引導孩子每天小睡片刻，週末晚點起床，假日多休息。我會鼓勵我的孩子三件事都做到，有時候他們多睡點，我甚至還會獎勵他們。當你的孩子到了十幾歲的時候，會經歷生理時鐘的轉變，夜晚變得很難入睡，為了幫助他睡眠，你可以嘗試把活動安排在早上。
- **避免久坐不動**：引導孩子每半小時站起身來伸展一下，可以考慮下載能提醒他起來活動的應用程式。

- **避免彎腰駝背使用筆電**：我在冰箱上貼了一張海報，展示了良好的坐姿和站姿，還在房子裡到處貼了提醒的紙條，放了很多靠墊和枕頭，目的就是為了鼓勵孩子維持良好的姿勢和體態。
- **注重眼神交流**：教孩子練習在別人說話時看著對方的臉和眼睛，孩子如果覺得害羞，我會告訴他看著對方的鼻子。

5 為人療傷止痛的慰藉——腦內啡

外在的事物無法讓你變得更厲害、更強壯、更富有、更迅捷或更聰明，美好的事物全在我們的內心，原本就存在，不須外求。

——宮本武藏

幾個月前，我開始為一名15歲的患者查菈看診，因為她開始會用上課的美工刀割傷自己。查菈並沒有心情沮喪的問題，也沒有任何成癮症狀，她會開始割傷自己是因為她已經「過勞」（burnout）。

查菈是俱樂部等級的明星足球運動員，她的夢想是獲得獎學金，在美國一級的體育大學踢球，而美國國家女子足球隊的隊長梅根·拉皮諾（Megan Rapinoe）是她的偶像。查菈還是一位出色的演講者和辯論比賽冠軍，她的在校成績十分優秀，並於九月被選為學生會會長。爸媽把她逼得很緊，但查菈把自己逼得更緊。

她是個很優秀的孩子，生活技能傑出。然而，3C讓她的生活變得很複雜，她感到十分疲倦，覺得自己跟不上生活的步調。查菈和許多青少年一樣，發現自己經常與他人比較，尤其是在網路上。她可能覺得自己的足球技術已經很好，但隨後她會在社群媒體上看到一位前隊友參加了升級賽而覺得自己不夠好。她也可能為自己的辯論表現感到自豪，但隨後她會在YouTube上看到國際辯論比賽的影片，覺得自己就像業餘的。

查菈也想當個完美的朋友，她覺得自己有義務按讚朋友的所有發文，並在發文底下留言。當她收到一則私訊或電子郵件通知時，即使她正在寫功課、看電視、看書或睡覺，也會覺得自己必須立刻回覆。

由於查菈在學校扮演領導者，同學經常透過電子郵件或訊息請他協助課業或準備辯論比賽，有時候甚至只是問很一般的問題。她還經常受邀參加派對、足球比賽和會議。前幾天，當她坐下來做功課時，收到了參加「我們的時代」（WE Day）青年活動的邀請，另外還收到了一位與同儕相處不睦的國三女孩的訊息。與此同時，查菈在保守家庭中長大的好友在IG上以雙性戀的身分出櫃，查菈覺得必須表達支持，並密切關注她的動態，以免有人留言批評。那天晚上她還去參加了足球練習，第二天還有物理考試。

查菈開始對爸媽很暴躁、沒耐心，學業上也遇到困難，並開始找藉口不去練球，甚至不參加一些比賽，這是她以前不會做的事。查菈以前也從未自殘過，她似乎無法解釋為什麼要割傷自己，她只能告訴我她想「感受一些東西」。

腦內啡

查菈想感受的東西是腦內啡。我向她解釋腦內啡是身體的天然止痛藥，會在我們受傷時釋放出來，因此當她割傷自己時，大腦會釋放腦內啡，提供她所尋求的「解脫」。

人體會自然產生腦內啡，我們在運動、擁抱朋友或深呼吸後會因為腦內啡的釋放而感覺良好，它會作用於鴉片類受體（opioid receptors），可以減輕疼痛。腦內啡的英文 endorphin 源自「內生的嗎啡」（endogenous morphine），意思就是身體內部產生的嗎啡，這種神奇的神經化學物質也能提高創造力，並讓我們的思慮保持清晰。

在本章中，我們將探討腦內啡的力量和自我照顧的重要性。當我們照顧好自己時，會感到活力充沛，真的就是這麼簡單。所以我們將用許多方法來幫助孩子自然增加腦內啡，但首先我想談談困擾查菈和許多人的問題，那是不論年輕或年長都會遇到的難關。

過勞

在過去五年裡，我開始治療更多像查菈這樣的年輕人，行程過度忙碌的高成就者出現身心俱疲的狀況，簡單來說就是過勞。如果不去處理，像查菈這樣的完美主義者可能會陷入焦慮和憂鬱的深淵，並開始使用毒品和酒精來逃避壓力。

不久前，過勞通常只會發生在第一線專業人員的身上，像是護理師、警察、急救人員、軍人和社工等族群，他們會在工作中面臨各種精神壓力和創傷，但現在這種精神上的過勞症狀也漸漸被視為一種嚴重又普遍的健康問題。2019年，世界衛生組織在其國際疾病分類中將過勞升級為「症候群」，並將其描述為一種「消耗殆盡」的狀態，症狀包括身心俱疲，並感到意志消沉與暴躁。

身為一名精神科醫生，我親眼目睹了過勞對一個人的心理健康、家庭生活、學習和事業的巨大影響。我只希望世界衛生組織的認證能讓社會大眾更加認識這個問題，並學會照顧好自己，也減少對過勞的污名化，因為污名化讓某些人根本不敢求助。

很多年輕人告訴我，他們擔心「照顧自己」的這種想法，會讓同儕認為他們是軟弱、不堅強和跟不上的人。但我這麼告訴他們，在痛苦中拚命努力和忽視自己的不適只會讓你痛苦終生，學會如何說「不」、如何休息、如何照顧自己才是一種成熟和堅強的表現，對外求援才是勇敢。

◎治療年輕人的過勞

我在查菈身上看到了幾乎所有過勞的症狀，她對3C的使用肯定會讓病情加重，所以我給了她一些實用的建議，或許你也能考慮用在自己的孩子身上。

- 首先，我讓查菈關閉了手機上頭來自鈴聲、電子郵件和訊息的所有通知。我讓她不要再收到從網路新聞媒體 BuzzFeed 以及來自IG和推特的所有提醒，她得讓手機和筆電不要再一直發出聲響，因為那會讓她分神和感到壓力。
- 我跟她解釋了睡眠的重要：睡眠能調節情緒、清除大腦中的廢物和讓細胞恢復活力。我鼓勵她盡量每晚睡飽九個小時，即使她第二天要準備演講或考試也是如此，而減少使用3C能讓她有更多睡眠時間。
- 我讓查菈了解她每天都需要有一段遠離3C和獨處的時間，以恢復自己的活力。獨處時她可以寫日記、散步、洗熱水澡或冥想。是的，青少年也可以冥想。我鼓勵她在每天開始和結束時，可以做一些深呼吸的練習。

- 我要求查菈暫停使用社群媒體，等到她未來某天不會在社群媒體上與他人比較，才能再重新開始使用。請記住一點，在網路上的比較有害身心，那會讓年輕人覺得自己不夠好，讓體內充滿皮質醇。
- 我們還討論了一心多用和完美主義這兩件事，這些行為已經成為查菈大腦中根深蒂固的行為模式，她必須想辦法改變。

一心多用是一種迷思

查菈的過勞突顯了當今年輕人面臨的兩個問題，而這些問題都因為3C無所不在而變得更糟糕，因為他們已經習慣這種一心多用的行為模式，並追求完美。

在數位時代，我們開始相信自己可以同時完成多項任務，這會讓我們更有效率而且沒時間感到無聊。但一心多用其實是一種迷思，大量研究結果證實人類的大腦一次只能專注在一件事情上，大腦能做到的是將注意力迅速地從一件事轉移到另一件事。每當我聽到先生的「電子郵件聲音」時，就會想到這件事情。當他在講電話途中有電子郵件傳來時，他就會用那種半清醒的單調聲調說話，他其實就是在邊看邊講。我的先生可能會認為他是同時在執行兩項任務，但事實上他兩件事都做不好。

那些同時處理多項工作的人會啟動與手頭任務無關的大腦部分，他們長期分心、記憶力受損。儘管他們認為當真的有必要時，可以放下其他事情專心工作，但事實上他們已經養成了無法專心的習慣，已經失去一次專注做一件事情的能力了。正如第2章所提到的，當我們不斷以某些方式做事時，這些行為就會發展成我們不假思索去做的習慣。

根據常識媒體（Common Sense Media）最近的一項研究，高達72%的青少年和48%的成年人，都和查菸一樣認為他們需要立即回覆簡訊、社群網路訊息和其他通知。最近的另一項研究顯示，即使智慧型手機處於關機狀態，只要放在身邊，還是會降低年輕人的認知能力，造成研究人員稱之為「智慧型手機引起的腦力流失」現象，而大約有九成的大學生表示，每兩星期都會出現手機在震動的幻覺。

儘管一心多用可能會讓人產生節省時間的錯覺，但神經科學家發現這樣做不僅會降低效率，還會帶來巨大壓力。在人類過去的狩獵採集時代，掠食者無處不在，只要稍微分心就可能死亡，因此當現代人分心去做其他事情，像是在多個網站之間切換或是在開著電視的情況下寫報告，神經元就會向大腦發出訊號，表示我們處於不安全的狀況。這會啟動第4章談到的戰或逃的壓力反應，短期的後果是使我們焦慮、易怒和分心，長遠看來則會造成我們精神不濟、思緒混亂和出現健康問題，最後就可能演變成過勞。

注意力是我們所有認知能力的基礎，包括記憶力、解決問題和陪伴孩子的能力等。但3C不斷的干擾和刻意讓你分心的設計正在對這些關鍵的大腦功能造成巨大傷害。2015年微軟發表一項研究，說明人類從2000年到2013年，平均注意力持續的時間從12秒縮短到8秒。前臉書工程師賈斯汀・羅森斯坦（Justin Rosenstein）也說過：「每個人隨時隨地都在分心。」這讓我們永遠處在壓力的狀態下。

◎關於家長的一心多用

我必須承認，當每次在等兒了漫長的田徑比賽結束時，手機的通知聲會變得特別誘人。其實每個爸媽都知道育兒有時候非常乏味，但當我們選擇在陪伴孩子時閱讀新聞報導或查看電子郵件時，可能就會淪落成美國兒科學會所說的「分心育兒」的狀況。

美國疾病管制中心對這種現代現象的記錄令人十分震驚，其中指出根據醫院的報告，原本兒童傷害的案例已經連續下降多年，但自從２００７年 iPhone 上市後的三年期間，兒童傷害的案例增加了12％。更具體地說，醫院記錄到因父母使用手機分心而導致孩子被燒傷、發生腦震盪和骨折的機率都提高了。

但父母在育兒時因為分心造成的其他問題，目前表面上看起來則不太明顯。我曾在和朋友喝咖啡時注意到一個蹣跚學步的孩子拚命想引起媽媽的注意，他在媽媽和 iPhone 之間揮手、拉扯手機，把他的臉放在手機前面。這個畫面一直停留在我腦海裡，這個階段的孩子最需要與父母對話交流，這種一來一往的對話是語言和認知發展的關鍵，能在父母和孩子之間創造一種恆久的羈絆，但他們的對話卻被硬生生中斷了。

這個畫面也讓我想起了密西根大學醫學院於2015年進行的一項研究。研究人員觀察了225對母子一起用餐的狀況，他們注意到那些在吃飯時使用3C的母親幾乎沒時間關注孩子，也沒有注意到孩子拋出的情感需求，而孩子也因為母親比較沒有敦促他們吃東西而吃得比較不健康。

幸好孩子們天生就懂得如何從父母那裡得到他們需要的東西，那是我在過去一邊工作一邊照顧女兒吉雅時發現的。那時吉雅還是個蹣跚學步的孩子，每當我轉向手機或筆電時，她都會氣呼呼地用短短胖胖的手把我拉回來。為了引起我的注意，她會抓著我的頭靠近她，讓我看著她的眼睛。顯然咖啡廳裡的小女孩也學會了做同樣的事情。

完美主義的問題

查菈面臨的另一個問題是完美主義，她並非特例。最近的一項研究顯示，自1989年以來，美國、英國和加拿大大學生追求完美主義的比例上升了33%，這個數字並不會讓我感到訝異，因為這項發表在《心理學公報》（*Psychological Bulletin*）上的研究是我在醫學院任教時同事間經常出現的話題。

在我們以表現為基礎的文化中，通常都會用外在（成績、運動表現、高級汽車）來定義一個人的成功，而不是用他的內在（慷慨、忠誠、善良）來定義。一般大學的招生過程已經十分荒謬，導致年輕人如此追求病態的完美，但我發現那些在社群媒體陪伴下長大、努力塑造美好生活和傑出成就的學生們，在追求完美這方面正達到全新的境界。

當然你為孩子設定目標和高標準是件好事，但以健康的心態來努力和完美主義是兩件事。完美主義的根源是各種負面情緒，像是壓力、擔心遭受批評、低自我評價，甚至是自我憎恨等，這是由恐懼和匱乏感所驅動的。我的完美主義患者似乎總在尋找一些東西來讓自己感覺完整，填補他們內心深處的空虛。但以健康的心態來努力則是基於正向的情緒，像是對任務的熱情、對挑戰的熱愛、對世界做出貢獻的感覺等。因此當我們看到一位傑出的年輕曲棍球員時，他有可能是因為擔心沒有優異的表現會遭受批評才這麼努力，但也有可能是因為他熱愛比賽和勝利帶來的樂趣，熱愛團隊所創造出的連結感也熱愛挑戰才這麼努力。

完美主義者可以分為兩種，兩種都與缺乏自尊心、焦慮、憂鬱、沮喪和衝突有關。

➜ 對內的完美主義者

- 喜歡批評自己。
- 經常因為別人的激勵而感到有追求完美的壓力。
- 容易拖延，執著於細節而難以完成工作，因為永遠無法實現自己完美的理想而陷入錯誤，並缺乏時間管理技巧。

這些特質會讓他們很難滿足對自己的高期望，並將自己缺乏自我價值的心態內化，產生焦慮和沮喪的情緒。

➜ 對外的完美主義者

- 為他人設定不合理的標準。
- 評價他人。
- 批評他人。

這些特質都會導致衝突。完美主義會讓我們高估別人看待自己的方式，讓我們無法對自己和周圍的人有正確的認知。完美主義還會麻痺我們的感受，因為現在的年輕人比起過往，更能將自己的生活展示在網路上給眾人看，兒童和青少年經常能看到同儕在做什麼以及他們的表現如何。

幸福只能來自內心

這幾十年來，有過勞症狀、喜歡一心多用和追求完美主義的人不斷增加，容易分心、消費主義和物質主義也造成愈來愈多年輕人有心理健康的問題，比方說今天的大學生在焦慮、憂鬱、偏執和精神疾病的臨床量表上，分數都更高，他們也比以前的大學生更重視金錢和地位。不過這些長期接受實境秀、名人文化和社群媒體餵養長大的孩子，養成這樣膚淺和扭曲的世界觀似乎也不難理解。

治療青少年患者的經驗讓我明白，當今的許多年輕人都只關注自己的外在而忽視了內在。我們內心愈空虛，就愈容易關注我們投射到外在世界的人身上。我們擁有的內在認同愈少，就愈只能依賴衣服、獎狀或社群媒體粉絲等外在物質來感到安全和快樂。

在心理學中有個名詞稱為**控制點理論**（locus of control），是用來表示人們對自己生活的掌控程度。外控者會認為，自己的生活和幸福取決於社群媒體人氣和財富等外部條件，但這些外在的條件通常無法預測又善變，因此外控者常常會覺得自己對生活沒有什麼掌控權。相較之下，內控者則相信是由內在狀態決定自己的生活和幸福，像是自己的努力和能力或自己內心的平靜和感激之情等。

所以我經常問我的年輕患者：「你覺得自己生活的控制點在哪裡？是內在的自己還是外在的自己？」當一個年輕人需要金錢和地位（像是耐吉的跑鞋或最新款的手機）才能感到快樂和生活掌控權時，他們的控制中心就是在外部，問題是他們所擁有的永遠都不夠多，別人永遠會擁有更多，永遠比不完。換句話說，他們是處於生存模式，像這樣的孩子很難對自己滿意。他們處於持續的壓力狀態（僵住、戰鬥、逃跑），內在的負向認知偏誤很容易被啟動，焦慮、易怒和分心會讓他們感受不到幸福，比方說他們不會因為自己被選為曲棍球隊的副隊長感到開心，而只在乎是誰被選為隊長。

但當年輕人是以自己的價值觀和自我認同為導向時，通常就不會那麼被動和焦慮，也不容易沮喪，這樣的孩子處於成長模式。如果孩子的控制點在內部，他們通常都會有更強的自我意識，而且會更快樂，因為他們對自己感到滿意。這種從內心愛自己的感覺會使他們處於成長模式，開啟更高的認知處理能力和腦力。他們不會在膚淺的身分地位上浪費精力，而是專注於健康或有意義的生活等內在目標。追求這些事情會釋放腦內啡，讓我們變得有熱情、充滿動力和創造力。

俗話說得好：真正的快樂來自內心。金錢、社會地位、被牛津大學錄取，這些事情都不會帶來永久的幸福。沒錯，永久的幸福只能來自我們的內在——這正是腦內啡這類神經化學物質帶來的幫助。

教導孩子注意警訊

重點就是要讓孩子注意內在發生的事情。我知道，說的比做的容易。儘管如此，還是請你努力向孩子解釋，他天生就內建了一個幾乎萬無一失的系統，當他做出可能會傷害自己的事情時，這個系統就會啟動。

當他感到飢餓時，是大腦叫他要吃東西了。

當他感到口乾舌燥和有點頭痛時，是大腦叫他要喝東西了。

當他感到疲勞，眼睛開始想閉上時，是大腦叫他該睡覺了。

當他的脖子和肩膀因為玩太多電玩而感到疼痛時，就是大腦叫他起來伸展一下了。

這套系統也會在孩子孤獨時提出警告，大腦會告訴他不要獨自一人，要加入部落之中。

當孩子忘記或忽略這些提醒時，會產生失眠、煩躁、易怒、疲勞等症狀。如果繼續忽視下去，受到高壓的身體會釋放更多皮質醇，終至失衡，然後孩子就會變得焦慮、過勞、憂鬱，並開始出現慢性身體疼痛、糖尿病和各種成癮症狀。因此，我們務必教會孩子注意體內的訊號，並照顧好自己，否則是會生病的。相信我，因為我有過相同的經歷。

忘了照顧自己，會發生什麼事？

我天生患有遺傳性疾病鬆皮症（Ehlers Danlos Syndrome），這種疾病會影響膠原蛋白的生成，但我一直到40多歲，身體開始出現嚴重的慢性疼痛之後才知道自己有這種疾病。因為我的關節過度鬆弛而且平衡感很差，一生中曾多次重傷，但我從未好好療養。例如我30歲時曾經從腳踏車上摔下來，摔斷了左手手肘、肩膀和幾根肋骨。在經過兩次手術後我就很少留意我的傷，在接下來的十年裡根本忘記了那次事故。那幾年的生活不管是在事業上或私生活方面都過得非常匆忙，我歷經了三次懷孕和搬家，還進行了各種科學研究、演講和寫作，還包括了在精神病學上的臨床實務工作。

我在腳踏車事故幾年後懷了第一個兒子喬許。當時我34歲，是卑詩省青年心理健康與成癮症專案的第一位主任。雖然我應該要好好休息，但我只休了四個月的產假，就讓電子郵件、Skype和外控者的人格特質帶我重返工作崗位。我的工作占據了自我認同中很大的一部分，我需要工作才能覺得自己很傑出。在喬許一歲後不久我又懷孕了，這次懷的是第二個兒子傑耶弗。在兩次懷孕期間我都保持著同樣快速的生活步調，並出現了更劇烈的背痛、膝蓋痛和全身疼痛，醫生開始檢查我是否患有狼瘡、類風濕性關節炎或其他疾病。

２０１０年，女兒吉雅出生後不久，我開始鑽研、撰寫我的第一本書《哈佛媽媽的海豚教養法》。這聽起來很瘋狂，事實上也的確如此，我當時上有年邁的父母，下有三個年幼的孩子，還拖著日漸惡化的身體在工作，擔任機構裡的醫療主任，負責行政、研究、教學和照顧患者等工作。

我一心多用的結果就是犧牲了健康。我至今仍不確定我是因為熱愛工作還是完美主義作祟才使我如此拚命，很有可能兩種原因都有。一方面，我在門診中努力教育家長們改善錯誤的育兒方式，像是父母給孩子安排太多任務、給予過多指導和孩子面臨過度競爭等問題，我看到周圍全是這樣的家長（甚至自己也是）。另一方面，承擔如此龐大的專案對當時的我來說根本不是一件好事，但我不習慣傾聽自己身體的聲音，也不知道如何照顧自己、如何放慢腳步，我甚至不知道該如何休息。

我的身心無法長時間負荷這種生活步調，我知道自己需要有規律的睡眠、運動和社交生活。這些都是看似簡單的事情，但我卻很難做到，我深深了解到知易行難的痛苦。為了在全職的工作下兼顧家庭，同時還要撥出時間做社區服務和找朋友，我省去了各種讓我活得健康和幸福的事情。當我勸告自己的患者和讀者要好好休息、多去大自然走走和放聲大笑時，自己卻沒有做到。我忘記了生活的根本是要有意識地呼吸、享受當下、照顧自己、每天與自己和他人對話。我當時沒有意識到自己的壓力已經過於沉重，但不久我的身體就讓我知道了。

到我40歲生日時，我整個人被長期的慢性疼痛折磨得不成人形，有很多日子我甚至想到要起床就害怕。我不知道自己的身體出了什麼問題，我沒有去看醫生，也沒有計畫要怎麼治療，在我人生最低潮的時候，我看不到出口。

現在回想起來，我相信3C是讓我生病的原因，但我後來也是藉由3C而康復。我當時加入了線上的慢性疼痛群組，並在其他人的故事中看到了與我相似的病情。經過五年的探索，我在網路上找到了基因測試組，並下單。我往杯子裡吐了口水，送去檢驗，然後收到了「鬆皮症」的診斷結果。

終於，我能夠再次掌握人生。我的第一個任務就是改變心態，從憎恨身體變成希望身體恢復健康。我必須停止生存模式，不再和自己的身體對抗，而是開始在成長模式下好好照顧自己，這表示我必須找到生活的平衡。

我發現要恢復身體健康就必須改變身體內部的化學物質，我需要減少腎上腺素和皮質醇等攸關壓力的神經化學物質，並增加腦內啡和其他擁有強大癒合力的激素。我學會了傾聽自己的直覺，也就是我從內部核心所接收到的信號。在這樣做的過程中，我改變了體內的環境，從生存模式轉變為成長模式。成長模式讓我的身體癒合和復原，而這些都有賴科技的協助。

自我照顧的重要性

父母、學校或運動教練總是在告訴孩子們怎麼獲得好成績、怎麼進球和贏得比賽，卻沒有人教他們怎麼照顧自己。你必須了解孩子的存在並不是為了讓你感到自豪，不是來解決你的情感需求或重溫你的童年。事實上，你的孩子根本就不是為了你而誕生，他屬於自己的人生，因此我們必須教他怎麼好好疼愛和照顧自己。他需要學會釋放自己的腦內啡，而不是依賴手機來產生多巴胺，也不該被恐懼和皮質醇所驅使。

我所說的「照顧自己」指的是照顧自己的心理、情感和身體健康等各種事情，可以是洗個熱水澡或散步這樣簡單的事情，也可以是花時間去完成一項藝術作品或一個人去看電影。對於某些人來說，滑雪可能是照顧自己的事情，而對另外一些人來說，學會說「不」也是照顧自己的事情。

「照顧自己」是非常個人化的，每個人需要的都不一樣，只要孩子做的事情是為了幫助自己修復和面對明天的挑戰，那就是照顧自己。孩子需要重視自己的想法、感受和直覺，擺脫生存模式，並在成長模式中生活。

照顧自己對我來說並不是那麼容易，對你的孩子來說可能也一樣。我的做法是從小地方開始，先在我所有的鞋子裡裝上了矯正鞋墊，偶爾也做做治療性的按摩。然後開始誠實面對自己，並跟家人和同事說實話，告訴他們我需要多少休息時間，再確實做到。從身體上來說，我不能再每週工作40小時了，我一天之間必須找時間休息，去辦公室和餐廳都要帶著熱敷墊，也拒絕了交際活動。我曾經覺得很難接受，畢竟照顧自己並不是當今社會重視的事情，所以要抽出時間來做這件事並不容易，我得努力讓自己覺得當我需要留時間給自己時，不需要跟任何人道歉或找藉口。

與其讓我們的孩子過勞和生病，或浪費時間每天累得半死、追求完美主義卻總是無法心滿意足，不如教會他們愛自己，他們得知道自己最重要的任務就是照顧好自己，而你可能沒想到科技竟然會在這方面有很大的幫助。

接下來，我會說明能釋放腦內啡的一些行為，以及科技如何培養這些行為，另外我還會用自身經驗來解釋如何學會增加腦內啡，以及如何成為更快樂、更自信和更正向的人。

➜ 休息時間

第4章曾經提到休息是舒緩壓力的有效技巧，但休息也是人類生活中很重要的一部分，而我們正因為忙碌和新科技的出現忽視休息的重要性。

在我生病的期間，我發現如果要讓自己擺脫壓力反應系統，就必須放慢速度，並徹底休息一段時間。但由於五年來我都靠著腎上腺素在支撐，加上大腦又無法集中注意力，我發現要靜下來休息還挺困難的。所以我想了一個辦法讓手機來幫助我，我使用了像 Calm 這樣的應用程式，這類程式會提供自然的情境和聲音，包括海浪聲、鳥鳴和下雨聲等。人類是喜歡親近自然的生物，我們喜歡生活在大自然中，因此 Calm 這個應用程式能在我邁向更深層的內在旅程之前讓我平靜下來。

我們需要孩子了解自己的大腦必須休息，保留一點空間和安寧，時間不需要很長，五到十分鐘就足夠了。即使是短暫的休息也能讓大腦處理、理解每天吸收的新資訊，如果不花時間休息，就比較難保留這些知識。在我們對老鼠進行的實驗中顯示，老鼠在迷宮中尋找出口時如果能有時間休息，就比較能記住迷宮的布局，表現會比不休息時好很多。

當孩子休息時，他們的大腦並非是閒置或沒有生產力的。沉澱心靈的時間可以讓他們確認自己的定位，了解自己、和自己交流。比方說，他們可能會回想起之前的某次衝突或協商，思考當時可以怎麼做得更好，下次遇到類似的事情就知道怎麼因應。

當我們靜下心來內觀，就會湧現出道德感。當我在鐵路平交道前等候，或等待孩子的足球訓練結束時，會突然想到「我應該打電話給阿姨，她病得很重」，或者「我在上星期的那個會議上似乎對同事太嚴厲了，我應該去看看他的狀況」，或者「我上次和好朋友聯繫已經是六個月前的事了」。當你太過忙碌時，就沒有餘裕去善待他人。

所有古老的傳統都認為沉思和反省的時間是很重要的，這點可以從過去就有的溫泉沐浴、焚香靜坐和冥想等儀式中看得出來。基督教的餐前禱告讓人有時間去感謝神的恩典，三千多年前古希臘的阿波羅神殿竣工時，就在神殿上銘刻了「認識自己」（Know Thyself）的字句。

然而，今日許多人的生活都非常忙碌，我非常了解，因為我過去也是那樣。我們的社會經常會將那些想要休息的人污名化為懶惰的人，而你很忙碌就表示你是個重要的人。來我診間的年輕人，我會給他們開藥，幫助他們緩解憂鬱和焦慮的症狀，我還會要求他們每天安排休息時間，這對於幫助他們重建心理健康是非常重要的一環。我經常鼓勵自己的孩子，儘管有很多事情要做，還是要抽空休息一下。他們可以關閉3C，閉上眼睛，讓思緒四處遊蕩。

◎為什麼孩子需要休息？

- 為了能夠處理年輕大腦日復一日接收的所有訊息、知識和技能，所以需要有時間讓他們放鬆，不必面對挑戰。
- 為了充分整合新的資訊和生活經驗。
- 為了強化當天的記憶、恢復專注力和啟動學習的動力。
- 為了有時間和空間來學習管理自己的情緒。
- 為了學會打發無聊。

➜正念

當我向患者解釋正念（Mindfulness）這個觀念時，我會跟他們說正念的意思就是活在當下，也就是在當下強烈地覺察到自己和周圍環境的存在，然後去連結你的視覺、聽覺、味覺、嗅覺和觸覺等身體感官以及內在的感覺和思緒。我告訴他們，透過長時間的正念練習，他們將能重新整理思緒，以更健康的方式思考。

當你的孩子做正念練習時，他會將神經活動從大腦的反應部分（生存系統）

移轉到感受和理性的部分（邊緣系統和前額葉皮層），這個移轉可以訓練自己減少衝動的反應，放慢速度，並在行動之前先思考和感受。

正念的反面是一心多用，一心多用會分散注意力並帶來壓力。當我們集中注意力時，大腦會收到我們處於安全狀態的訊號，讓我們能保持冷靜和專注。但當我們分心、不斷轉移注意力時，大腦就會認為我們遇到了麻煩，做出「僵住、戰鬥、逃跑」的反應。

研究顯示，正念不僅可以增強情緒調節的能力，讓孩子能更活在當下、更平靜和更投入，還可以提高他們的認知能力，即便是處於某些高風險的狀態時亦然。正念也被證明有助於改善注意力和行為問題，並減少孩子的焦慮。在２０１３年的一項研究中，為期八週的正念訓練提升了注意力不足過動症（ＡＤＨＤ）男孩們的專注力，並大幅減少過動行為。

我們的主流文化也終於認可了正念的力量，現在全世界各地都有學校在教導正念練習。在溫哥華和印度，我的「海豚孩子」（Dolphin Kids）專案教導孩子正念練習、呼吸、冥想和社交技巧，最小的學生只有三歲。一旦孩子掌握了技巧，我可以告訴你，所有年齡層的孩子都很喜歡做正念練習。

➜冥想

好吧，我知道還有一些人對冥想的效果抱持懷疑態度，不過研究結果非常清楚，其中的科學證據多到講不完，目前你可能已經聽過的冥想好處就包括：可以減輕壓力、憂鬱、焦慮、疼痛和減少失眠等。但你可能沒有聽說過冥想也會影響兒童，以下就列舉一些針對孩子的效果：

- 根據2004年的一項研究，冥想改善了過動症兒童的行為，並提升他們的自尊心。
- 根據2015年的一項研究，來自低收入家庭的孩子中，有83%表示冥想練習讓他們感覺更快樂、更放鬆和更強壯。
- 根據2007年的一項研究，進行短暫冥想的大學生在短短五天後就在注意力測驗中獲得較高的分數。

人們說冥想是他們嘗試過最困難的事，很遺憾我必須同意。學會對抗分心是我遇過最難改掉的壞習慣，而每日冥想練習也是我遇過最難養成的好習慣，但冥想的確是對我健康最好的習慣。

我記得在某個黑暗的冬日早晨，當我獨自在地下室冥想時，突然發現那是六年來我第一次沒有感到任何疼痛。我已經完全忘記沒有疼痛的感覺是什麼樣子了，那天是我人生重要的轉捩點，經過好幾個月每天不間斷地練習，我改變了一直以來在運行的神經迴路，也就是說我的生存模式終於關閉，進入成長模式了，我已經能自己產生腦內啡了。

不久之後，我決定停止服用類鴉片藥物來緩解疼痛，我甚至拍了一段影片來紀念我把最後一瓶藥倒進馬桶的那一刻。接下來的七天我都處於戒斷狀態，我感到噁心、頭痛欲裂、整夜出汗，但我熬過來了。

在那之前，我已經花費數年時間想從外在擺脫痛苦，而冥想體驗徹底改變了我，不管是扮演醫生的我還是身為一個人的我都受到改變。以前我是一位受過西方醫學訓練的傳統醫生，認為身體和心靈是分開的，但如今我的視野變得更加寬廣，並熱衷於幫助患者了解他們身心之間的連結。

↓開懷大笑

我發現大笑是開啟一天的好方法。在輕鬆愉快的週末早晨，我的孩子會擠到我們床上，有時還帶著iPad，我們會輪流播放史蒂芬·荷伯（Stephen Colbert）和莉莉·辛格（Lilly Singh）的影片。當我看到喬許、傑耶弗和吉雅因為看了最新的搞笑迷因（meme）在被子上笑到滾來滾去時，我也會跟著大笑。事實上，研究證實我們在別人面前笑出來的機率是獨處時的30倍，這就像打哈欠一樣，看到別人打哈欠能觸發大腦中的良感接受器，我喜歡把這種現象看作是一種傳播快樂的腦內啡骨牌遊戲。

◎狄倫的故事

狄倫·希爾（Dillon Hill）很了解笑聲和情感連結所帶來的治癒能力，他在加州就讀國小五年級時，最要好的同學克里斯·貝坦科特（Chris Betancourt）被診斷出罹患第四期的慢性骨髓性白血病。狄倫去醫院探病時感覺很尷尬，畢竟他們才十歲，情感上還沒有成熟到知道怎麼處理這種狀況。後來克里斯的父親帶了兒子的 PlayStation 遊戲機到病房讓兩個人玩，他們兩人很快就又回到了過去，有說有笑地一起玩得很開心。打電玩遊戲讓那個極度異常的情況稍微恢復常態，讓克里斯忘記了他生病的可怕現實，這段經歷使他們往後都持續保持聯絡，克里斯跟《今日美國》（*USA Today*）說：「癌症對當時五年級的我們來說是人生巨變，讓我們發展出超越同學的情誼。」

多年後他們上了高中，過去這段經歷讓他們成立了一個名為「遊戲者禮物」（Gamer's Gift）的非營利慈善機構。兩人籌募資金，將電玩和虛擬實境設備帶到醫院做為輔助的生活設施，用來減輕患者可能感受到的壓力和孤獨感。

➜ 音樂

人類的大腦透過音樂與舞蹈產生進化，所有文化都熱愛音樂與舞蹈，因為它們會讓大腦釋放出能夠讓人減輕壓力、具有治療效果和令人愉悅的神經化學物質，使我們的大腦和身體都能放鬆下來。音樂和舞蹈是我生命中少數一直持續下來的習慣之一，我在十多歲的時候就開始用音樂來幫助自己集中注意力，我會透過舞蹈來減輕壓力，並從中獲得樂趣，而我在準備期末考、醫學院入學考以及各種大大小小的考試時都會聽音樂。當我19歲進入醫學院時，我的注意力缺失症（ADD）和壓力值都達到了巔峰，所以那時我的耳機裡總是播放著各個歌手的音樂，納金高、艾瑞莎・弗蘭克林、懷舊的寶萊塢歌曲、大人小孩雙拍檔、喬治・麥可、惠妮・休斯頓、王子等。可以說，沒有音樂，我就不可能成為醫生。

當我幾年前開始生病時，我發現自己需要讓身心擺脫生病的狀態，當時我想起音樂的力量，於是重拾音樂。你和孩子也可以透過音樂來紓解生活中的壓力，讓音樂為你們建立連結、帶來歡樂，我生命中最快樂的某些片段就是和家人在廚房裡跳舞。

➜運動和睡眠

當孩子運動或睡飽時，他們會感受到幸福、滿足、愉悅，但當他們睡眠不足時，就會感到疲倦和不耐煩。他們的身體會認為自己處於困境，因此會釋放壓力荷爾蒙，現在你也知道這些荷爾蒙會對他們的身心造成嚴重破壞。研究一再顯示那些有運動的人，即使每天只運動十分鐘，通常也會比那些從不運動的人更加開朗和樂觀。與久坐不動的人相比，時常活動的人罹患憂鬱症和焦慮症的風險要低上許多。

在我康復後，我就將健康的睡眠和運動納入日常生活，並開始用智慧型手錶來計算走路的步數，並逐漸增加步行量，然後我會使用手機來追蹤自己的日常活動、做正念練習和睡眠的時間。

➜感謝的心

我記得自己是在11歲時第一次感受到一股感激之情湧上心頭，那是我第一次和母親造訪印度，她帶我去了阿姆利則（Amritsar）的黃金寺，阿姆利則是一座靠近巴基斯坦邊境的繁忙大城。錫克教最神聖的聖地黃金寺坐落在一個聖湖中央，它是一座由大理石和黃金所建造的精緻建築。和每座錫克教的寺廟一樣，黃金寺裡有一個稱為 langar 的免費廚房，全天候為所有入寺者提供手做餐點。這個廚房已經營運了四百多年，每天由志工為多達十萬人供餐。當我在廚房幫母親做飯時，遇到了一群骨瘦如柴、衣衫襤褸的流浪孩子赤腳走進來，他們住在遺產街（Heritage Street），就在寺廟的牆後。

我心中感到一股複雜的情緒，同時夾雜著內疚、恐懼和悲傷，我也意識到自己在加拿大長大是件多麼幸運的事，相較之下我的生活是多麼富足和輕鬆。這並不是說我的生活就很完美，我的父母是移民，他們拚命工作也沒有很多錢，但身上的擔子卻很重，這些壓力也影響了他們的健康和婚姻。但在阿姆利則的那一刻，我發自內心感謝父母為了我們更好的未來所做出的巨大犧牲，那是個許多人無法達成的未來。從那之後，感恩的心就在我的心底扎根，直到今天仍是推動我前進的動力。

許多研究證實，懷抱感恩的心可以對我們的情緒產生正面的影響，也會讓我們的身心處於健康狀態，感恩的人整體而言都更快樂也更沒有壓力。研究一再顯示，單單只是表達感激之情，就算是假裝的，都可以大大提高一個人整體的幸福感和生活滿意度。

讓感恩成為一種日常習慣對我的身體康復來說非常重要。幾年前，我開始寫感恩日記，提醒自己生活中所有美好的事物，像是我有三個傑出的孩子（雖然也讓我精疲力盡），我有個有耐心的丈夫（雖然只是偶爾有耐心），我有一個美滿的家（雖然經常很凌亂）。當然，有時當你感到沮喪或身體不適，很難一直保持樂觀，但那正是你最需要感恩的時候。在我開始感到疼痛的那些艱難日子裡，我會在睡前聆聽 YouTube 上讚頌感恩之心的影片，那能減輕我對康復狀況的焦慮和悲傷。

最近，我第一次在數千名聽眾面前發表演說。在我走上舞台前，我在休息室裡給自己幾秒鐘時間感謝我即將要做的事情。在我的裙子下面是一個臀部支架，我還戴了護膝和矯正胸帶，我會穿上一件黑色皮夾克來隱藏笨重的帶子。我曾經為自己的殘疾和侷限感到羞恥，但那天晚上當我走上舞台時，我覺得很感恩，充滿勇氣與力量。

生病讓我發現自己忘了維持健康生活的基本，像是調息、深呼吸、內省、休息、保持正念、歡笑、睡眠、運動和感恩。我並非特例，我相信生活在由科技驅動的二十一世紀，快速的生活節奏正在讓我們累積壓力、變得過勞和陷入孤獨，各種困擾西方社會的慢性疾病也日漸流行。我發現自己為了同時完成多項工作和追求卓越，讓自己與孩子的生活失衡，我不再製造自己的腦內啡，而是依靠皮質醇生活，這個狀況壓迫著我，讓我痛苦了很多年。而今我努力讓自己振作起來，雖然那並不容易，但當我努力去做時才赫然發現身體天然的機制對我們有多善良和慷慨，當我們尊重自己的身體時就會得到回報。這是我們要教給孩子的重要一課，當你了解自己並疼愛自己時，就可以治癒自己。

◎小提醒

- 腦內啡是人體的天然止痛劑、減壓劑和幸福分子，腦內啡讓我們免於過勞、疼痛和生病。
- 腦內啡會在大腦的鴉片類受體上起作用，使我們在運動、大笑或深呼吸時感到幸福。
- 過勞是一種耗盡心神的狀態，這是長期承受壓力並依靠皮質醇消耗我們的生理系統所導致。
- 3C使得分心、一心多用和追求完美主義的狀況變得更糟，造成過勞和其他身心健康問題。

- 控制點理論是一個心理學概念，說明你生活中的控制中心在哪裡。依賴外部成就來感覺良好的人往往不容易快樂，而那些相信內在最重要的人會過得比較幸福。
- 我們的文化喜歡讚美外在表現良好的孩子，這會讓兒童發展出外控型人格，他們永遠需要更多、永遠覺得自己不夠好。
- 當孩子開始內省，傾聽自己的身體並練習照顧自己時（例如運動或睡個好覺），他們大腦的激勵中心會因為腦內啡而亮起來。
- 當孩子分心、不聽從自己身體的需求也沒有照顧自己時，就會感到疲倦和不耐煩。
- 正念練習、冥想、大笑、音樂和感恩會鼓勵大腦以更健康的方式思考，減少壓力、憂鬱、焦慮、疼痛和失眠等問題，並提升記憶力、決斷力、創造力和整體幸福感。
- 當孩子休息時，他們的大腦並不是閒置或沒有生產力的，靜下心來能使他們肯定自我，理解自己並感受與自己的交流。

聰明3C教養法

如何引導孩子照顧自己？

在本章中，我們探討了腦內啡的力量和自我照顧的重要性，你已經了解到腦內啡會在我們放慢腳步休息、進行正念練習和心懷感恩時釋放出來。你的孩子可以自然地產生腦內啡，當他們在外面活動、大笑或冥想時，大腦就會釋放腦內啡，讓他們感覺快樂。當你的孩子與自己建立連結並學著照顧自己時，他們會感到活力充沛。

在接下來的內容中，我將提出你可以用來引導孩子照顧自己的一系列策略，這些策略將幫助他們面對日益加劇的過勞趨勢，也幫助他們對抗完美主義和一心多用所帶來的雙重禍害。我還將鼓勵你透過某些科技產品讓孩子達到休息、自我照顧和釋放腦內啡的目的。

◎別做的事

- 不要把孩子的生活排得太滿。
- 不要只在孩子有所表現時表達對他的愛。
- 不要拿孩子與別人比較。
- 不要只關注孩子的外在（獎牌、成績、體育表現），而忽視他的內在（善良、誠實、有創造力）。
- 不要忘記我們自己其實就是孩子的楷模。

◎應做的事

- 讚賞他的努力，而不要太在乎結果。
- 將重點放在進步，而不是追求完美。
- 愛你孩子原本的模樣。
- 幫助他設定切合實際的目標。

• 談論自己失敗的經驗、從失敗中學到的教訓等等，告訴孩子他也不需要完美。

• 引導孩子練習照顧自己。

◎特別留意

一心多用有害身心，一定要盡力避免這種狀況發生，在使用3C時，一次只能專注於一項工作。請不斷與孩子溝通，讓他不要落入在網路上和別人比較與錯失恐懼的圈套。

◎限制和監督

不要在沒有明確目的時盲目使用3C，當你在不專心的狀況下使用3C時，分心所帶來的逃跑反應會消耗掉重要的時間和精力。

◎ **鼓勵**

鼓勵孩子使用有助於自我照顧的3C，像是幫助他進行深呼吸、睡眠、正念練習和運動等的產品。Spark Mindset是由我和團隊所研發出來的應用程式，可以增強兒童自我照顧、專注、恢復和自動自發的能力。

如何辨別孩子是否過勞？

對於成年人來說，過勞主要是因為在家裡或工作上長期面對過多的壓力，孩子過勞則是因為持續性的壓力和太過忙碌，讓他們沒有機會放鬆和充電。在這裡我列出了一些需要注意的過勞跡象，其中許多都是遇到壓力時的反應：僵住（焦慮）、戰鬥（暴躁）、逃跑（迴避或分心）。

- **拖延**：孩子過去常在放學後趕著寫功課，現在得要你一直催他才會去寫。
- **迴避**：孩子以前很喜歡足球和跆拳道，現在卻會找各種藉口不去練習。

- **遲到**：他的態度不再積極，上學或練習經常遲到。
- **注意力不集中**：他經常分心，無法一次坐著超過幾分鐘。
- **急躁或不耐煩**：近來不管什麼事都能讓他不高興。
- **態度負面**：他經常對自己過去喜歡的活動發表負面評論。
- **冷漠**：他似乎不像以前那樣關心某些事情，你以前問他體操課的狀況時，他會告訴你課堂上學到的一切，現在只會聳聳肩說：「還可以。」
- **焦慮和恐懼**：準備自然和數學考試對他來說向來都不容易，但最近他突然對考試感到非常焦慮，甚至會失眠和做惡夢。

孩子的自我照顧

預防和處理過勞的最佳方法就是自我照顧。還記得我們在第4章中學到的技巧嗎?保留休息時間、與他人互動、玩耍（第162～165頁）。這些活動其實不只是一種技巧，而是一套有用的工具，只要每天練習就能照顧好自己，讓人維持健康、活力，並擁有傑出的表現。每天都做這三件事就能讓你的孩子維持在成長模式，讓他充滿動力、自信和創造力。可以的話，請幫孩子創造一個安靜的個人空間來練習這些技巧。有些好的3C產品也可以提供幫助，孩子練習得愈多，就會變得愈熟練。

➔ 生理回饋

生理回饋是一種強大的科技工具，孩子可以用來了解自己的生理狀態，像是監測自己坐著、看螢幕和睡覺分別花了多少時間，或是自己在深呼吸或玩暴力電玩時心率會有什麼變化等。

我的孩子會使用蘋果手機內建和Fitbit等健康相關的應用程式來記錄走路的步數、心率和睡眠品質，這些應用程式還可以追蹤營養狀況、月經週期和身高體重等，現在有各種科技產品都可以針對姿勢、進行正念練習或冥想時來提供生理回饋數據。

➔ 呼吸練習

正如第4章提到的，孩子可以透過深呼吸和調息來調節情緒，但如果你希望他還能更上層樓，有傑出的表現，請指導他每天練習呼吸，這會讓他獲得更全面的安全感，並啟動副交感神經系統。

我們也可以將呼吸練習應用到生活之中，就像我們必然無法閉氣太久一樣，生活中有些變化也無從避免，我們最終還是必須學會放手、適應。

➜是的，孩子懂得冥想！

冥想的方法有很多種，有些是基於古法，有些則是基於現代科學。所幸不論古往今來，世界各地對於冥想的基本技巧都一樣，那就是讓心沉靜下來，不要去思考過去或未來的事情，只要活在當下。

現在有各種應用程式可以提供一些關於冥想的基本理論，並指導你怎麼進入冥想，善用這些工具會是個好的開始，但不要指望你的孩子能馬上達到冥想的美好境界，重點是要開始去做並每天練習。我建議在一早醒來或睡前進行冥想，原因在於這些時段比較安靜，干擾也比較少。找臥室或書房這類靜謐又舒適的空間來進行，效果最佳。

鼓勵孩子寫日記

有證據顯示寫下自己的想法和感受有助於改善情緒、減少焦慮和壓力。來找我看診的許多兒童和青少年都喜歡在日記本上寫東西或畫畫，這些都是非常個人和私密的內容。帶你的孩子買一本他喜歡的日記本（或幫他做一本），告訴他那是屬於他自己的東西，你不會偷看。

我已經把以前寫東西的習慣改成用唸的錄音起來，存在手機裡，我發現這是一種更快表達自己想法的方法，而且不會弄丟（多虧了現在的雲端儲存技術）。目前我已經整理了很多則有意義的日記，可以時常回去閱讀或聆聽。

不要忘記音樂和歡笑

讓你的孩子建立各種適合不同心情的音樂播放清單，可以是念書時聽的、玩蹦蹦床時聽的、開車旅行時聽的，或是想要放鬆或平靜時聽的。

花一些時間來挑選適合孩子、能帶來歡樂的喜劇演員、電視節目和 YouTube 影片，避開那些具有種族歧視、性別歧視和恐同（homophobic）等傷害他人的笑話，鼓勵孩子使用3C來聽音樂和讓自己快樂、照顧好自己。

練習感恩

你也應該在日常生活中盡可能多說「謝謝」，以此做為孩子的好榜樣。盡量減少抱怨，最好是不要再抱怨了，而是要為別人為你所做的點點滴滴表示感謝。別計較小事！

我會讓我的孩子在每天早上和晚上想出三件他們覺得感謝的事情，我鼓勵他們每次都講不同的事，我發現這種做法在與日常活動連結時效果更好，比方說在睡覺、刷牙或晚餐前都是很適合的時間。你還可以在起床時或睡覺前，告訴孩子你有多感謝他出現在你的生活中，並說出你感謝他的具體事情。

大自然最療癒，對孩子更好

人類與自然有著相當原始的關係，我們的身體天生就喜歡戶外活動，大自然的聲音、氣味和顏色可以提升孩子的情緒和專注力，例如在早上接觸陽光不僅會改善他的情緒、提升能量，還會改善晚上的睡眠。

我們容易忘記大自然充滿了治癒的元素，其中包括水、礦物質和精油，我的孩子們會用礦物鹽和礦物油洗熱水澡，幫助他們在運動整天後或壓力大之時獲得休養。

➜拒絕完美主義

如果你看到孩子出現完美主義的徵兆，請採取行動制止他。和孩子討論完美主義的諸多缺點，包括給自己和他人過度嚴厲的評價所帶來的影響，向他們解釋完美主義會造成焦慮、憂鬱和低成就等。告訴孩子他不需要凡事都戰戰兢兢，他的頭髮可以有點亂，寫作業的時候可以創新大膽一點都沒關係。打破某些規則，和別人有些不一樣是件好事，當然這一切都還是要在合理的範圍之內。

➜少些一心多用，多點正念練習。

正念練習是一種簡單的技巧，其論點是以一種接納、不加評判的方式活在當下。當我們專注以這種方式生活時，大腦就會收到我們處於安全狀態的信號，因此正念練習是一種減少焦慮和促進幸福的有用工具。

你不需要太多的指導，只需要大量的練習。引導孩子有意識地進行各種日常活動，一次只做一件事。比方說，我認為怎麼吃和吃什麼一樣重要，在壓力大的時候吃東西和做事情時一心多用，只會將食物所產生的能量轉化為生存模式的燃料。你應該讓孩子在吃飯前先深呼吸，集中注意力，觀看他的食物，然後專心用餐，這麼做可以將營養所產生的能量從生存模式轉移到成長模式。

有很多網站和應用程式都能鼓勵孩子專注在一件事情上，例如有一款名為The Forest，只要你能專注使用單一應用程式愈久，樹木就會愈茁壯；但如果你打開列入黑名單的網站，樹木就會開始凋零。

你不妨猜一猜，能鼓勵正念最簡單的其中一種方法是什麼？答案就是讓孩子玩耍！我們將在第7章深入探討玩耍背後的科學原理，但現在我們只要知道非3C的遊戲其實就是一種正念的形式。當你的孩子在堆沙堡、玩想像遊戲、側手翻或投籃時，他會全神貫注，並釋放大量腦內啡。當遊戲發展出一種節奏時，例如當一個孩子專心畫畫或一名青少年獨自滑板時，他們會進入一種類似冥想的狀態。

➜把品格教育和訓練放在第一位

我們文化中所接收到的所有訊息都會造成孩子過勞、追求完美主義、形成外控型性格，並帶來其他相關的問題，因此我們需要確保孩子能有一套明確的規則可以遵循，以下有些方法可以幫助你在家庭中建立強大的道德規範。

• **訂立家庭格言或家庭價值觀清單**：這些特質可能包括誠實、尊重他人、有愛心、正直、謙遜、樂於奉獻、勇敢、有責任感和善盡公民義務等。你可以從過去的故事、祖先的事蹟、信仰或社區中汲取經驗來豐富清單的內容。我們家的格言是：「努力工作，正向思考，讓世界變得更美好，樂在其中！」

• **注意並強化孩子對學校的價值觀**：不要為了學業或體育成績而忽略孩子的校園生活，成功的校園生活不只是擁有優秀的學業或體育成績，而是擁有良好的品格，我希望自己的孩子在學校裡能專注於展現同理心、努力、善良和責任感。

• **利用體育和課外活動來塑造品格**：體育活動會讓孩子有很多機會學習該怎麼尊重教練、隊友和裁判，同時也能學會合作、勇敢和謙虛。為人父母，要教會你的孩子「勝不驕，敗不餒」的道理。

6 別讓3C阻斷「愛的荷爾蒙」——催產素

你要尋找的也在尋找你。

——伊斯蘭詩人 魯米

不久前，我到紐西蘭參加一場全國校長會議，我如往常一般和孩子們一起用視訊聯絡，他們把手機遞給我的父親，他一直想去紐西蘭，但他已經87歲，我認為他能成行的機會可能不大了。

我的父親是一位數學天才，他在印度長大，一直想當數學老師，1940年代後期他終於有機會可以參加教師學院的考試。應考當天早上，他在半路上接了另一位也要考試的朋友一起前往，那個男孩的父親拿了炸雜菜（pakora）讓他們在路上吃，炸雜菜是一種用鷹嘴豆粉漿製成的印度油炸點心，他們兩個朋友就這樣邊走邊吃去考試。但那位父親為了讓自己兒子有更大的機會上大學，竟然在我父親的炸雜菜裡下藥，我的父親吃完後就覺得很想吐，最後考試也考砸了。

但他並不灰心，他後來移民到加拿大卑詩省的維多利亞市，並在那裡找了一份農場的工作。他的手指因為沒戴手套在冬天勞動而彎曲變形，這是他在加拿大第一份工作所留下的鮮明印記。他後來到木材廠工作，晚上開計程車賺錢養活五個孩子。父親最終帶我們全家搬到了愛德蒙頓市，他也進入阿爾伯塔大學的夜間部就學，在過了將近25年之後，他終於實現成為一名老師的夢想。

當我在紐西蘭南島與父親在手機上交談時，我舉起手機，將鏡頭轉向卓越山脈，這座層層疊疊、迷霧重重的陡峭山脈曾經出現在《魔戒三部曲》中，其崎嶇和被雨水打濕的森林閃爍著斑斕的綠色。後來，我向父親展示了閃電形狀的瓦卡蒂普湖，這座水藍色的湖泊是皇后鎮上的珍寶，我們還一起聆聽了鈴鳥美麗的鳴叫聲，感覺就像我們是一起旅行的。

雖然我的手機現在已經嚴重干擾我的生活，但我也很感謝手機能像這樣將我和父親短暫地連結起來，這種時候總會讓我特別感謝手機的存在。那天我發自內心感受到醫學界這幾十年來所證明的事情：人類天性喜歡與人建立連結，同理和連結是我們之所以存在的原因，我們與他人的關係為我們的生活賦予目標、意義，並帶來快樂。

我父親在世界另一端的溫哥華，但在那一刻我最想做的事情就是見到他、和他在一起，並讓他看到他為我所做的所有犧牲讓我有了今日的成就，智慧型手機讓我做到了這一點。

也許我和父親那次談話中最有趣的一件事就是，雖然那天我們相隔萬里，但即便不在同一個空間，我們也能感到安心、溫暖以及彼此相連，這表示年輕人在網路上也有很多有益健康的連結方式。新的研究顯示，使用什麼類型的媒體才是重點，在同學的IG留言是一回事，透過 Skype 與好朋友進行有意義的對話又是另一回事。

愛是一種稱為催產素的荷爾蒙

當我那天和父親交談時，我們看著對方的眼睛微笑，我們的體內充滿了一種叫做催產素的荷爾蒙，這是親密關係的祕密關鍵，是大腦中心的下視丘所產生的一種快樂化學物質。

催產素被稱為「愛的荷爾蒙」、「擁抱荷爾蒙」和「道德分子」，是一種能激發孩子的連結感和愛的神經傳導物質。當他們擁抱祖母、摟著小狗或閱讀充滿愛的生日訊息時，催產素會讓他們產生愉悅的感覺，幫助他們保持親密和健康的關係，同時也是讓他們能擁有美德，產生信任感、同理心和合群的關鍵。

科學家首先在剛分娩的母親身上發現這種神經化學物質，這些女性在生產後催產素會激增，讓她們感覺與新生兒的聯繫更加緊密。催產素還有助於降低血壓和心率，讓她們感覺壓力不會那麼大。

當我們感到與他人有連結時，就比較容易擺脫生存模式，讓我們想去關心、幫助別人。根據一項研究結果，如果將剛出生的幼鼠放到母鼠的籠子裡，注射了催產素的母鼠會照顧這些幼鼠，但如果在沒有注射催產素的情況下，母鼠則會攻擊幼鼠。

荷爾蒙的作用很像童話故事中的愛情藥水，讓我們感覺更富有同理心、更加溫暖大方，也更願意與人建立連結。我很喜歡催產素的原因之一是它很容易產生，只需要喚起愛、同理心和連結的感覺就可以。一個擁抱，甚至只是一個充滿愛的想法就能讓我們產生催產素。

研究人員發現，當父母微笑、擁抱或與孩子玩耍時，父母和孩子體內的催產素濃度都會同步上升，那是因為愛和喜悅或幸福的感覺不同，愛是雙向的，是兩個人之間最強大的連結。科學家認為當兩個大腦以這種方式相互作用時，會產生同步的現象，而這種現象是由所謂的「鏡像神經元」所造成。鏡像神經元是能讓我們透過潛意識「鏡像反映」他人行為和情緒來感同身受的腦細胞，因為這些神經元能讓我們看到、感覺到他人的行為與感受，並加以模仿，因此被認為在同理心和理解他人意圖的方面扮演了重要角色。

不只有我們的大腦會釋放催產素，我們的心也會。多虧了心數學院（Heart Math Institute）等組織的開創性研究，我們現在可以證明自古以來一直都流傳的看法，那就是人類的心臟不僅僅是一個機械幫浦。心臟包含大約四萬個專門的智能感覺軸突，當我們感覺與他人產生連結時，這些軸突會將催產素等神經化學物質直接釋放到血液中。我們的心臟含有能合成和釋放心房利鈉肽（Atrial natriuretic peptide）的細胞，心房利鈉肽是一種令人玩味的荷爾蒙，我們未來肯定會對它有更多認識。它又稱為「平衡荷爾蒙」，因為它不僅能在體液和電解質平衡中發揮重要作用，還有助於管控血管、腎臟、腎上腺和大腦中的許多調節中心。心房利鈉肽還能抑制壓力荷爾蒙的釋放，並與免疫系統相互作用，有實驗證明心房利鈉肽甚至可以影響人類的動機和行為。

簡而言之，我們的心或許比大腦更能影響我們的感受，而知道心臟會對社會性的互動做出實質的反應之後，更讓我們確認了人際關係的重要性。

我們天生就喜歡與人連結

來自認知科學、比較動物行為學和進化生物學的大量研究都顯示了以下觀點：孩子和所有人類一樣都是天生的社會性動物，這種對社交的需求源於人類的DNA。人類渴望社群，對周圍的人感到好奇，喜歡分享自己的故事、祕密和情感。我們天生就需要與他人建立更深層的連結，當我們缺乏真實的人際互動時會感到很痛苦。

信不信由你，孩子對社群的需求與他們對食物和居所的需求一樣重要，這些連結滋養了他們，是他們生活的重心。隸屬於一個社群會讓他們感到被愛和被支持，覺得自己很重要，與一群志同道合的人緊密相連是我們能成為地球上最成功物種的關鍵。神經生物學家馬修・利伯曼（Matthew Lieberman）在他的著作《社交天性》（*Social*）一書中寫道：「與他人產生連結讓我們的生活更加豐富，讓我們感到安全，也讓我們認知到自己屬於一個更偉大的群體。」

這或許能解釋臉書之所以歷久不衰的原因，因為這個平台能讓我們與朋友連結在一起。如果臉書是一種宗教，擁有23億信徒的臉書將成為世界第一，超越基督教的21億信徒和伊斯蘭教的15億信徒。

我之前就提到史前時代的生活有多麼殘酷，被部落接納與否決定了你能生存與否，被部落驅逐等於是被判了死刑。現代的部落就是你定期拜訪、聯繫和問好的人所組成的團體，與他們產生連結會讓你感覺更快樂，而當你更快樂時，別人也更喜歡和你在一起，這會產生一個有利社會的循環，看起來就像下一頁的圖那樣。

為什麼被排除在外會讓人受傷？

舊石器時代的習慣塑造了今日的我們，為了應付部落社會的嚴酷現實而衍生出的生存本能仍然影響著我們今日的行為，這就是為什麼我們渴望融入社群、害怕被拒絕的原因。我們希望與部落分享好消息，讓大家繼續重視我們，讓我們留在圈子內，所以當朋友說了殘酷的話或戀人拒絕我們時，我們會受到強烈的傷害。如果我們在童年時受到親人的傷害，無論是虐待、忽視還是父母的死亡，都可能導致長期的健康和行為問題。

當我們與社群的連結受到威脅

透過催產素建立的連結和幸福循環

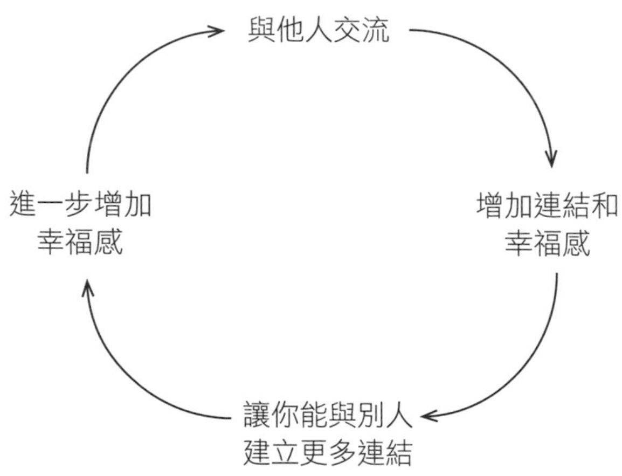

或被切斷時，我們會感受到心理學家所說的「心理上的疼痛」，這種疼痛指的是內心深處感到的痛苦，世界各地的語言中都有表達這種情感的說法，例如英文會說：「她傷害了我的感情。」（She hurt my feelings）；法文會說：「我的心在痛。」（J'ai mal au coeur）；西班牙文會說：「心碎而死。」（morir de pena）；德文會說：「心碎。」（herz gebrochen）

這些描述心理上疼痛的說法也存在於古代的語言中。蘇美人是已知最早的文明之一，他們有一句諺語是用來呼喊愛情女神的：「在我疼痛的心上澆油。」《聖經》提到關於心痛的說法可以追溯到西元前1015年：「侮辱使我心碎，使我虛弱，我尋求同情，但卻找不到人安慰我。」（詩篇 69:20）。被公認為波斯詩人之父的魯達基（Rudaki）逝世於西元941年，他曾經寫道：「雷聲轟隆就像心碎的情人。」

心理上的疼痛是真正的疼痛

在神經科學上的進展證明了我們的大腦在面對心理疼痛時，會觸動和身體疼痛時相同的區域，而且大腦也使用了相同的神經迴路，並產生了相似的反應。就大腦而言，情緒和身體上的疼痛是無法區分的，這也證實了被嘲笑、被冷落或被欺負真的會讓人感到疼痛。

其中有一項著名的研究突顯了這個議題的嚴重性，在這項研究中，認知科學家進行了稱之為「線上接球」（Cyberball）的虛擬接球遊戲。在2000年初於加州大學洛杉磯分校的社會認知神經科學實驗室進行的一系列研究中，參與者的身體被安裝上記錄他們大腦活動的核磁共振掃描設備。雖然這些受試者認為他們是在與連接到相同螢幕的真人一起丟球，但事實上他們只是和電腦程式預設的虛擬使用者一起玩。過了一會兒，這些虛擬使用者開始在彼此之間來回扔球，把實驗對象排除在外，這時實驗對象的前扣帶迴皮層（負責處理疼痛的區域）會亮起來，他們會感到受傷和被冒犯。實驗證明，就連在這樣簡單的接球遊戲中被忽略，這種看似微不足道的小事也會被大腦記錄為痛苦的事件。研究人員又進行了進一步的研究，他們告知被排擠的人會因為受到疏離而獲得報酬，但結果還是相同，這表示關於棍子和石頭的舊俗語可能需要更新，更準確的說法應該是：「棍子和石頭可以打斷我的骨頭，但言語也可以深深地傷害我。」（譯註：原本的俗語是：「棍子和石頭可以打斷我的骨頭，但言語傷害不了我。」）

現在人際交往成為一種奢侈品

我們需要與其他人接觸就像我們需要食物和居所一樣，但在這個強調效率、使用自助結帳和數位圖書館的數位時代，我們能與其他人產生連結的機會正在急遽減少當中。現代社會的建構理念似乎正朝著人類更愛自立自強的方向邁進。我們的消費模式已經配合我們的需求重新調整，不用出門就能在 Netflix 上看電影和在 Uber Eats 上點餐，但這也重新調整了孩子們與周圍世界互動的方式。

有些人選擇完全與世隔絕。在第3章中我曾提到日本的繭居族，繭居族指的是把自己隔離在房間裡，只在網路上消磨時間的年輕人。我最近在離家較近的地方開始治療一個十幾歲的男孩，他的父母擔心他日漸孤立的生活模式會影響他的心理健康。這位男孩的名字是安德里亞，我們第一次見面時他告訴我：「我真的不知道爸媽為什麼把我帶到這裡？我喜歡一個人待著，喜歡一個人熬夜，我玩網路遊戲時會和線上的人聊天，我的生活中不需要其他人，我沒有任何問題。」誰說的正確呢？

的確，每個人需要的社交連結度有很大的差異。我有三個孩子，其中兩個安靜、體貼，個性內向，而有一個則是個性外向、聲音洪亮，喜歡一直講故事。我在自家中就看到了這種差異性，但是安德里亞就是對的嗎？有些孩子可以完全獨處，沒有任何問題嗎？愛和歸屬感是我們可以說不需要就不要的嗎？

安德里亞聲稱他的生活不需要其他人，他可能的確學會怎麼安撫自己的情緒，但他大腦中需要親近和連結的情感迴路將受到嚴重損害。對於像我們這樣的社會物種來說，置身於社會之外不僅是可悲的，也可能帶來危險。

廣泛的研究證實，在孤立的環境下被飼養的猴子會出現嚴重的社交缺陷和離群索居的傾向，牠們會蜷縮在籠子的角落，機械性地搖晃身體，並出現自殘的行為。如果讓這些猴子和其他猴子待在一起，牠們不會學習和其他猴子玩耍或互動，而是變得恐懼、衝動和具有攻擊性，性慾也跟著消失。美國心理學家哈利・哈洛（Harry Harlow）曾經進行一項實驗，他剝奪了恆河猴寶寶的社交接觸長達一年，讓這些小猴子在社交上被「抹殺」，他觀察到這些小猴子變得「無法進行任何形式的互動」。

我們當然不會對人進行這種實驗，但研究人員曾經觀察到，1990年代從貧困的羅馬尼亞孤兒院被救出的兒童也有類似的不良反應。當時羅馬尼亞這個共產主義國家禁止墮胎，這些孤兒中有許多人營養不良，在嬰兒床裡無人看管，每天只能接受五到六分鐘的照顧。他們長大後大多面臨了社交、認知和行為方面的嚴重問題。他們的衝動控制能力差，學業成績低落，應對和調節情緒也有困難，不僅自尊心低落，還會出現病態行為，包括抽搐、亂發脾氣、偷竊和自我懲罰等。科學家逐漸明白，在成長早期被剝奪社交機會可能改變一個人的大腦和行為。在某些情況下，被忽視所造成的影響永遠無法逆轉。

1990年代，精神病學家史都特．葛瑞西安（Stuart Grassian）對孤立生活模式的影響進行了一些著名研究，他採訪了數百名長期被單獨監禁的囚犯。葛瑞西安發現，大約三分之一的囚犯出現了精神病或自殺傾向，他還觀察到這些人有出現幻覺、極度偏執、衝動、自殘和高敏感的狀況。

芝加哥大學進行了十數年的研究證實，在社交上孤立的人更易怒、更具攻擊性、更容易憂鬱、更缺乏睡眠、更以自我為中心，也更有可能仇視不熟悉的人。孤立的人對他人的蔑視會變得高度警戒，而且經常認為別人懷有敵意，陷入惡性循環。

我有時會好奇，由單手拿著手機的母親所餵養的嬰兒，大腦中發生了什麼變化？或是蹣跚學步的孩子試圖和沉浸在筆電中的父親一起玩時，心理狀況是如何？還有那些眼睛幾乎離不開螢幕的青少年呢？他們是否錯過了父母和孩子之間的關鍵交流，也錯過了與眼前的人建立連結和羈絆的機會？

孤獨的高昂代價

很遺憾，你的孩子會在他生命中的某些時刻感到孤獨，當他對人際關係的需求沒有獲得滿足時，就會產生痛苦的感受。在擁擠的城市中、在朋友和親人之間，他仍可能感到孤獨，但如果這種孤獨感持續存在，就會變成一種慢性疾病，並可能危及他的健康和幸福。

我現在沒有很多老年病患，但我永遠不會忘記多年前接受醫學培訓時遇到的一位老年患者。當時她的來日不多，而她也知道這一點，醫生給了她兩週在外面生活。當我溫柔地詢問她在最後的日子裡想見到誰時，她告訴我沒有想見的人。

她在城裡沒有直系親屬、沒有伴侶、沒有孩子，也沒有親密的朋友；雖然她在另一岸有一個表妹，但她們已經多年沒有聯繫。她的孤獨讓我難過不已，我不禁揣想她會因為罹癌早逝是否與此有關。

以科學研究的角度來說，答案是肯定的。而且我愈來愈常遇到像她一樣的青少年和年輕人，他們孤單、寂寞，甚至沒有一個親密的同伴。下面的資料反映了我在看診時所看到的狀況：

- 30年前，當美國人被問到他們一生中有多少知心好友時，最常見的答案是三位；今日最常見的答案則是一個都沒有。
- 這個問題在工業化世界最為嚴重，根據報告，有三分之一的人感到孤獨。
- 50％的加拿大人說他們「經常感到孤獨」。
- 50％的美國人說他們「缺乏陪伴或有意義的關係」。
- 在英國最近進行的一項調查中，60％的受訪者將寵物列為最親密的同伴。
- 在日本，40歲以下的人之中，有超過50萬人至少六個月沒有離開家裡或與任何人互動。

孤獨不僅讓人難過，也使人沮喪。孤獨會令人難以入睡，甚至會讓人早夭。人類是社會性的物種，缺乏社交支持系統，會讓我們的身體承受長期的壓力：

- 孤獨可能比吸菸、空氣污染或肥胖更不利於長壽。
- 長期的孤獨會增加罹患心臟病、失智症等各種疾病的機率，也增加病逝的風險。
- 最近一項對一四八項研究的審視結果是，孤獨會使女性的死亡風險增加49％，男性的死亡風險增加50％；另有研究顯示，與社會隔絕的孩子即使在20年後，健康狀況也明顯較差。
- 16至24歲的年輕人比起年長的族群更容易感到孤獨，對於16至24歲這個年紀的人而言，孤獨和社交孤立是自殺的主要原因。

孤獨和自殺之間的關係是很錯綜複雜的，並非每個感到孤獨的年輕人都會自殺，孤獨也不一定是年輕人決定結束生命的唯一原因。但我們知道自殺和孤獨之間存在著關聯，減少孤獨可能是降低自殺風險的關鍵，每個年輕人都需要知道自己可以尋求幫助，而且有人會傾聽。

美國前公共衛生署長維偉克・莫西（Vivek Murthy）在總結他的行醫生涯時曾說，他當醫生時，最常看到的病症「不是心臟病或糖尿病，而是孤獨症」。孤獨的確助長了各種問題發生，從鴉片類藥物危機到英國脫歐，再到美國總統川普的當選和大規模殺傷案件，全都和人們的孤獨有關。

2019年被指控在德州沃爾瑪大賣場殺害22人的年輕人被《洛杉磯時報》描述為「極度孤獨的人」，同樣的描述也適用於安德斯・布雷維克（Anders Breivik）這個殺人魔，他於2011年在挪威殺害了77人。還有綽號「大學航空炸彈客」的泰德・卡辛斯基（Ted Kaczynski）以及2007年在維吉尼亞理工學院殺害了32人的趙承熙（Seung-Hui Cho），他們也都是在社交上非常孤立的人。

孤獨在英國已經成為一個大問題，英國政府在2018年任命了「孤獨問題應對部長」這樣的職務，試圖解決這個問題。另外，英國消防員也接受培訓，挨家挨戶去查探是否有社交孤立的家庭成員，郵政工作人員則是被派去上門查看年長居民，這些都是英國「結束孤獨運動」的一部分努力。在全英國也開設了大約三百間的「男士小屋」，這些公共工作坊的目標是將老年男性和退休人員聚在一起，讓他們一邊修理自行車、書架等物品，一邊和彼此交談。

孤獨問題相當普遍，尤其是在工業世界，但人們對於這個議題卻往往選擇避而不談，我們認為承認自己孤獨既可悲又可恥。著名的社會神經學家約翰・卡喬波（John Cacioppo）花了數十年研究孤獨這個議題，他曾經在TED演講上說：「承認自己孤獨就像承認自己是失敗者或軟弱的人一樣。」他告訴聽眾，拒絕承認自己孤獨就和拒絕承認自己口渴或飢餓一樣荒謬。

網路上的連結是好的連結嗎？

我們常聽到的訊息是網路能讓人與人之間有更多接觸，而與人有更多接觸是擁有健康社交生活的關鍵。社群媒體也不斷宣傳自己的使命就是要讓世界更加緊密，臉書就是如此自我宣傳的。一開始，網路似乎真的能幫那些害羞和孤獨的人建立虛擬的歸屬感，但精神病學家艾倫・法蘭西斯（Allen Frances）在2019年接受加拿大《國家郵報》採訪時說：「這些關係對於那些一無所有的人來說可能是救命稻草，但也可能讓人陷入更加孤立的困境。」

想想你在自己孩子身上觀察到的狀況，上次你的小孩和朋友坐在沙發上時，他們是否都在用手機發訊息，或使用社群媒體而沒有面對面的接觸？他並沒有和朋友一起歡笑、擁抱或擊掌，沒有做任何會讓他身體充滿催產素、讓他感到被愛和與人連結的事情。不知道你的孩子是否也和我認識的許多孩子一樣？他看似正在不停地與人交流，實際上卻沒有進行任何真正的對話，所謂的聊天也不過是在群組裡互發訊息。

不過，年輕人在網路上也有很多健康的連結方式，重點是他們使用什麼類型的媒體。在2016年的一項研究中，賓州伊斯頓市的拉法葉學院的一組研究人員發現，當幼兒透過視訊與研究人員配對時，他們能夠學會鼓掌和模仿。但當電話內容是被事先錄好，孩子看不到也聽不到他們的夥伴時，就學不會這些動作。這表示即使我們的關係可以透過科技調整，但我們需要利用的是科技最人性化的一面，才能體驗人與人之間深刻而有意義的連結。

你或許也在生活中注意到這一點。你是否曾經在視訊電話上看到好友的新生寶寶或是許久未見的弟弟，因而感到非常開心？我很幸運有機會能到各地演講，與許多家長談論撫養孩子會遇到的各種疑難雜症，但當我長時間外出時也會想念自己的孩子，所以我只要出遠門都一定會做一件事，那就是當我抵達飯店時，就會透過視訊向孩子們展示我的房間，並告訴他們我身處哪個城市或國家。當我即時看到他們的笑容時，便會感到一陣喜悅，我會開始放鬆並慢慢感到平靜。有時這些對話會比我在家裡趕他們上床睡覺時的對話更有意義，顯然透過視訊聊天是能促進有益身心的連結的。

２０１８年發表的一項研究就著眼於Skype是否能幫助老年人戰勝憂鬱，這項由俄勒岡健康與科學大學的精神病學教授艾倫・提歐（Alan Teo）帶領的研究結果令人震驚：在兩年的持續觀察中，使用視訊聊天的人感到憂鬱的比例是那些使用電子郵件、社群媒體和簡訊者的一半。這些研究顯示，即時視訊才是真正的線上連結，即使是在年長者和年輕人之間也是如此。因此，孩子在網路上是否能與人獲得真正的連結，取決於他們的實際操作方式。

很多在我這個領域的專家都會鄙視電視和電玩遊戲，並建議父母禁止孩子使用，但我認為這些工具其實可以提供有意義的連結。當我兒子和他們的小隊一起打電玩時，我可以看到他們之間展現的友誼，並聽到他們的笑聲。當我女兒的表妹傳給她專屬的特別影片時，我也能看到她臉上的喜悅。每年感恩節，我的家人都會拿著手機、圍著電視觀看CNN的《每日英雄》特別節目。這個兩小時的節目由安德森．古柏（Anderson Cooper）主持，旨在表彰不遺餘力幫助他人的英雄；它也具有互動性，我們可以用手機投票給自己心目中的英雄，並在這個過程中受到啟發。

除了課業，人際關係也很重要

我試圖告訴家長們，孩子不需要四百個網路上的朋友，父母也不需要安排孩子和他們所有足球隊、學校、體操課和營隊的朋友一起玩耍，那既不現實也不必要。孩子真正需要的是一、兩個親密的朋友和更大的團體感，而人際關係的重點是「質」不是「量」。2010年在蒙特婁的康考迪亞大學進行了一項研究，結果證明一個真正的朋友就足以讓焦慮和孤僻的孩子遠離憂鬱。

孩子和父母一樣會經歷生活中的各種起落，那些害羞和笨拙的人遇到困難時往往更難適應，對他們來說，青春期典型的焦慮不安很可能會一發不可收拾。但根據康考迪亞大學的研究，對9到12歲的孩子來說，一個好朋友就能保護他們不受憂鬱所苦，還能讓他們變得更加有韌性。該研究的主導者是心理學教授威廉・布考斯基博士（Dr. William Bukowski），他認為孩子們除了閱讀、寫作和算術這些技能之外，還應該注重人際關係的發展。

身為家長，我們經常只擔心孩子的學業成績。我先承認自己有時候也是如此，但這樣可能會忽略了孩子的情緒健康，尤其是在情緒不穩定的青春期，所有父母都應該幫助孩子建立有意義和正向的連結。當孩子年紀還小時，我們可以幫他們安排玩樂、到朋友家過夜、團體遠足或參觀公園等活動，然而總有一天，他們不再那麼仰賴我們，我們就必須從他們的社交生活中退後一步，但這並不表示我們必須完全退出，我們仍然可以鼓勵他們建立令人快樂的友誼，可以和他們談論如何發展和調整健康的人際關係，以及告訴他們我們的朋友對自己有多重要。

但要記得一件事，與人交流互動可能是一件有趣的事，但那與情感連結是兩回事，單純在某人的社群媒體留言並無法建立起親密的友誼與感情。

消失的同理心？

一位朋友最近告訴我，她懷孕時每天搭公車上下班，但即使到了第八個月，她的肚子明顯隆起、看起來很不舒服，也沒有人會讓座。她想到七年前第一次懷孕時還經常有人讓座，這不禁讓她思考社會是否變了。人們變得更加自私、更缺乏同情心了嗎？還是他們太過專注於手機和社群媒體，因而忽略、甚至不再關心身旁有人感到不舒服和痛苦了嗎？

我的朋友不是唯一認為社會變得愈來愈冷酷無情和疏離的人：

- 根據2018年的一項市場調查結果，51%的英國人認為大眾的同理心明顯下降了。
- 密西根大學於2010年開啟一項廣泛的研究，該研究檢視了20年來大學生接受問卷調查後的同理心數據，結果顯示1980年以來，擁有同理心的大學生比率下降了40%，過去10年的降幅尤其明顯。
- 同一項研究結果顯示，大學年紀的青少年自戀程度在同時期上升了58%。

◎卡森的故事

2019年8月，我在媒體上看到一個名叫卡森·克里米尼（Carson Crimeni）的14歲男孩去世的消息，當時我和朋友都同樣感到困惑。卡森剛從國三畢業，他在卑詩省蘭里市的一個公園裡死於藥物過量，當時他和一群年紀比他大的孩子出去玩。孩子的死總是悲劇，但本案背後的故事更加令人不安。

卡森患有嚴重的過動症，他在學校一直受到霸凌，因此當一群比較年長的青少年約他出去玩時，他很高興。但與他在一起的青少年讓他吸食大量毒品，並在他已經神智不清、痛苦萬分時嘲笑他，甚至拍下長達數小時的影片。那天晚上在場的青少年沒有一個想到要幫助他或報警，而是把這些內容製作成網路迷因，把他痛苦的樣子發布到社群媒體上，並為這些照片和短影片配上詼諧的標題。

在當晚拍攝的一段影片，標題為「12歲的小子嗑搖頭丸」，據說卡森是使用了MDMA這種被稱為搖頭丸的派對毒品。影片中他的灰色帽T被汗水浸溼，身體隨著音樂搖擺，而一群年輕人在旁邊吼叫和發出噓聲，即使男孩的身體已經過熱還說不出話來，這個情況還是持續了好幾個小時。當卡森似乎記不得自己的名字時，青少年們還爆笑出聲。就在這時，卡森蜷起身子，環抱住自己，他看起來很害怕。在那天晚上拍攝的最後一張照片中，一名青少年靠在背景中前來救援卡森的救護車上，照片標題寫著：「卡森差點死了，哈哈！」幾分鐘之後，卡森真的死了。

對於每天花費九個多小時上網的Z世代年輕人來說，迷因（meme）這種帶有文字說明的有趣或諷刺圖片與影片，已經成為最流行的一種交流方式。但在一個以留言和追隨者來衡量受歡迎程度和按讚數就是一切的世界裡，我們對於暴力行為的容忍程度一直在不斷提升。卡森的姑姑黛安．克里米尼（Diane Crimeni）在接受《環球郵報》的訪問中說，她很擔心對現在一切都是透過螢幕觀看的年輕人來說，現實跟虛幻很難辨別，她說道：「對他們來說，沒有什麼是真實的，有多少孩子坐在家裡看著卡森死在他們眼前，卻沒有採取任何行動？」黛安認為如果有人向旁觀者或凌虐卡森的孩子灌輸同理心，她的侄子今天可能還活著。

同情心與同理心

同情心（sympathy）和**同理心**（empathy）常被混為一談，儘管人們經常交替使用這兩個詞彙，但它們所代表的感受雖然有關聯，卻不盡相同。

同情心是對某人的處境表達悲傷或憐憫，並能理解他人處境的能力，總結來說是一種能夠注意他人痛苦，並因他人痛苦而動容的能力。

同理心根據心理學家阿爾弗雷德·阿德勒（Alfred Adler）的說法，是「用另一個人的眼睛看，用另一個人的耳朵聽，用另一個人的心去感受」，總結來說，就是一種能理解他人正在經歷的事情和感同身受的能力。

提高同理心

大多數孩子都擁有同情心，但並非所有孩子都能擁有同理心，儘管同理心可能來自遺傳，但也是一種需要培養和鼓勵的特質。我們的孩子主要是透過面對面的互動來發展同理心，當他們看到眼前站的是活生生的人時最能啟發這種特質。

善解人意的孩子能夠設身處地為人著想，他們能夠抵抗惡霸，採取行動讓世界變得更美好。他們長大後會成為適應良好的成年人，以尊重、理解和同情共感對待他人。相反地，缺乏同理心的小孩會養成霸凌與欺騙他人的習性，道德感薄弱，同時可能會有焦慮和憂鬱等心理健康問題。缺乏同理心的孩子很難建立有意義的人際關係，當他們無視他人的想法和感受時，就可能做出傷害他人的行為。

然而，體會過同理心才容易學會同理心。身為父母，孩子們有機會從我們身上第一次體會到同理心的強大力量。

盯著螢幕和使用社群媒體的時間過長、競爭激烈的育兒和名人文化興起、學校對標準化考試的重視以及玩樂時間減少，都是造成同理心下降的原因。在2014年加州大學洛杉磯分校的一項研究中，連續五天不看螢幕或使用3C的六年級學生，在閱讀表情和識別情緒方面明顯優於每天花幾個小時使用3C的同儕。心理學家蜜雪兒・玻芭（Michelle Borba）解釋說：「如果你不能讀懂另一個人的情緒，就很難對另一個人產生同理心和關懷。」透過表情符號、迷因和推文是無法增進情感素養的，根據史丹佛大學神經科學家賈米爾・薩基（Jamil Zaki）的說法：「我們近來與人的互動，經常是以匿名和組織的名義在網路上進行，而網路是最難發展出同理心的地方。」

紐約大學心理學家威廉・布雷迪（William Brady）和他的團隊在2017

年進行了一項研究，分析了大約50萬條意見兩極化的話題推文，包括槍枝管制、同性婚姻和氣候變遷等，他們想知道為什麼有些推文能在網路上瘋傳，有些則沒有受到太大關注。布雷迪發現，推文包含的「道德情感」愈多就愈容易引發憤怒，被轉發的次數也就愈多，這表示孩子的社群媒體貼文不僅向他們反映出一個憤怒的世界，還在幫助創造一個憤怒的世界。

問題是，並不是所有在網路上的時間都會導致孩子失去理解和分享他人感受的能力。我們從經驗中得知，社群媒體還促進了無數合作案、提高民眾對於某些議題的意識、募集數百萬美元做有意義的活動。２０１８年，前往參加少年冰球聯賽的洪堡野馬隊巴士在薩斯喀徹溫省的高速公路上發生事故，GoFundMe這個募資平台為洪堡野馬隊的球員和家人募集到超過一千五百萬美元。在卡森死後，也有人發起了類似的活動，並為卡森的家人募集到超過四千萬美元的款項。正如我們在本章所了解到的，3C並不一定會剝奪孩子的同理心，3C也可以培養孩子的人格特質，正確使用科技產品可以幫助孩子與他人建立有意義和正向的連結。

◎小提醒

- 孩子和所有人一樣，天生就是社會性動物，那是根植於DNA的特質。
- 孩子需要個人身分也需要群體身分，他們渴望被社群和團體所接受，渴望融入，害怕被排拒。
- 孩子喜歡與朋友和家人保持連結、對周圍的人感到好奇，喜歡分享故事、祕密和情感。
- 孩子需要與人產生連結，就和他們需要食物和居所一樣。
- 催產素，也就是所謂的「擁抱荷爾蒙」，是一種神經化學物質，可以激發愛、連結與信任。當孩子擁抱祖母、與小狗玩耍或閱讀特別的生日訊息時，會讓他們感到快樂。
- 孤獨可能比吸菸、空氣污染或肥胖更會減低孩子的壽命。
- 同理心是可以被教導和培養的。
- 父母和教育者的職責是引導孩子建立同理心和健康的人際關係。

• 根據某些情境式的心理測試顯示，智慧型手機世代的同理心急劇下降，長時間使用3C也是造成這個狀況的原因之一。
• 盯著螢幕不一定會導致孩子失去理解和分享他人感受的能力，透過視訊來交流是比較好的模式，因為人類需要看到彼此的臉。

聰明3C教養法

如何建立健康的人際關係？

在本章中，我們了解到孩子是社會性動物，當他們體驗到與他人的羈絆和愛時，便會釋放催產素而產生安全感、力量和動力。對於像我們這樣的社會物種來說，孤立和孤獨可能會帶來危險，但數位時代正在限制我們與人連結的機會，因此幫助孩子與生活周遭的人建立有意義的連結是非常重要的事情。

在接下來的內容中，我將告訴你怎麼幫助孩子建立健康的人際關係、避免危險的人際關係，以及如何在與同儕交流互動中保護自己。這些方法將有助於培養未來所需要的溝通、團隊合作和對社會貢獻的CQ技能。我還將進一步探討父母如何協助防止網路霸凌和色情簡訊，這兩件事是年輕人之間常見的不良行為。

◎別做的事

- 不要假定數位連結是有意義的連結。
- 不要忽略兒童和青少年的孤獨問題。
- 不要讓孩子忙到沒有時間建立與人的連結。
- 不要在與孩子交談時看手機。

◎應做的事

- 引導孩子與自己建立健康的關係。
- 教導孩子怎麼找到好朋友，並讓自己也成為別人的好朋友。
- 引導孩子培養同理心。

- 教導孩子怎樣擁有良好的自信心，並加以示範和實踐。
- 解釋爭執、羞辱和霸凌之間的區別。

◎ **特別留意**

避免接觸任何會出現在網路上的負面關係：詐騙、掠奪、網路爭論、網路霸凌、會羞辱人的朋友、不健康的人際關係以及會造成錯失恐懼或比較心態的媒體。

◎ **限制和監督**

限制和監督膚淺與無意義的關係，像是 Snapchat 的互動天數或迷因。

◎ **鼓勵**

鼓勵孩子使用那些能促進有意義的關係的科技，像是視訊、正向的電子郵件、網路研討會、簡訊和某些社群媒體。

如何建立健康的關係？

人際關係的技巧就像閱讀和數學的技巧一樣，是一步步發展起來的。孩子要先能與自己建立健康的關係，才能學會與他人建立健康的關係。我經常問患者：「如果你不愛自己，別人怎麼愛你？如果你無法與自己產生連結，要如何與他人產生連結？」我將這種與自己的關係稱為「內在人際關係」，內在人際關係可以說是人生中最重要的一種關係。

當孩子花時間獨處並嘗試了解自己時，他們會培養出自信心，並能信任自己。身為家長，你可以透過以下幾種方式提供協助：

- 引導孩子學會對自己同理與寬容，懂得原諒自己的錯誤，提醒他只是孩子，錯誤是成長的一部分。與其後悔和批評自己，不如從錯誤中擷取教訓，做為下次的借鏡。
- 引導孩子去衡量、建立對他有益的個性，並努力改變那些不當之處，例如孩子常對別人大發雷霆後又後悔，就讓他知道這是一種壞習慣，並告訴他只要透過長時間的訓練，可以發展出其他的溝通方式。

- 當孩子在照顧自己和正向改變上有一些成績時，請讚賞他的努力。在他表現出自我同理與寬容時給予讚賞，例如當他不顧同儕壓力而遠離不健康的友誼，或在體育比賽中受傷後拒絕負傷上場時，請給予正面的反應。

如何交到好朋友？

孩子要學會辨別健康和不健康的友誼。當我教導孩子辨別其中的差異時，我會回到三種動物的比喻：海豚、鯊魚和水母（第50～51頁）。和育兒關係一樣，海豚朋友是理想的朋友類型，鯊魚和水母朋友則不然。使用這些比喻來幫助青少年理解和評估他們與同學、朋友和戀人之間的關係，並幫助他們選擇想要在生活中結交什麼樣的人。

海豚朋友堅韌而靈活，就像海豚這種海洋哺乳動物一樣，這類型的人有以下特色：

- 具有堅實的價值觀，例如誠實、尊重他人、正直、富有同情心。
- 能靈活處理生活中的小事，像是要去哪家餐廳吃飯和玩什麼遊戲等。
- 擅長使用溝通和合作的技巧與人相處。
- 將妥協視為好事，只要不是妥協自己的核心價值觀就行。
- 對不同意見和不同的人抱持好奇心，而不是批判的態度。
- 輕鬆看待生活中的起伏，比方說朋友不能來參加他們的生日派對，他們也能理解。
- 努力做出貢獻、幫助他人。
- 重視、參與並幫助身邊的社群與團體。

水母朋友就像水母這種海洋裡的無脊椎動物一樣，沒有中心思想，四處漂浮，這類型的人有以下特色：

- 不表達自己的意見和信念。
- 對別人過於放任，容易被欺負。

- 不會為自己挺身而出。
- 願意妥協自己的價值觀。
- 不喜歡衝突，漸漸地會變成喜歡討好和追隨別人，甚至成為被人欺負的對象。

鯊魚朋友生性好鬥，只為自己著想，就像孤獨的鯊魚一樣，這類型的人有以下特色：

- 會過於咄咄逼人或管太多，因而顯得蠻橫。
- 會以自我為中心。
- 喜歡批評所有事情。
- 在協商時會動用權威使人屈服。
- 他們或許能在短期內獲得自己想要的，但會造成不健康的人際關係模式。

在不同的時間、遇到不同的問題或關係時，你的孩子有可能成為水母朋友，也可能變成鯊魚朋友或海豚朋友。但請記住，我們的外部行為最常反映的是內在的思想，因此請引導孩子去尋找那些能夠自我調節，也了解壓力管理和自我照顧的朋友，這些人比較不可能成為鯊魚朋友或水母朋友，而會是我們想要一起相處的海豚朋友。

➜如何培養海豚式的果決？

即使是最好的友誼也會有關係緊張的時候，因此教會孩子進行健康的溝通，並培養果決的自信就是很重要的事情，這將鞏固他與朋友之間的友誼。就像海豚的身體一樣，這項技巧的基礎是在與他人的交流中堅定立場，同時又能靈活應變。比方說，如果孩子的朋友想用鯊魚朋友的方式強迫他打電玩，你可以鼓勵孩子以下列的方式回應：

堅定立場：不，謝謝，我現在不想打電玩。

靈活應變：我們可以先打籃球或是玩蹦蹦床嗎？我們再約好下次打電玩的時間。

➜三明治式溝通法

你可以將海豚式的果決技巧進一步發揮，在兩個正向的陳述之間夾入一個堅定與果決的陳述（這可能會被視為批評）。這是一種微妙的溝通策略，能鼓勵孩子在保持正向語氣的同時，也能夠清楚、直接地溝通。比方說，如果你的孩子不喜歡朋友在社群媒體上發布他的某張照片，他可以這麼說：

正向陳述：塔拉，非常感謝你昨晚邀請我參加派對，派對很好玩。

果決的陳述：我在你的社群媒體上發現一張我在派對上的照片，我覺得不太舒服，你能把照片拿下來嗎？

正向陳述：我很期待下次的聚會！

如何教導孩子擁有同理心？

我們不能假設孩子能自己發展出強大的同理心，尤其是在這個節奏快速又由科技主導的世界裡，因此父母必須主動引導孩子產生同理心，以下是一些技巧：

- 教導孩子與他人進行眼神交流。
- 讓孩子接觸很多不同的人。
- 和孩子一起討論霸凌事件。
- 發生衝突後，討論每個人的感受。
- 做好身教，尊重那些看起來不一樣的人。

引導孩子做出貢獻

人類是社會性動物，天生就喜歡貢獻並從中獲得回饋。人類動機的最高形式被稱為「使命」或「目的」，當我們與世界產生連結，並為世界做出貢獻時，就能推動這樣的使命或目的。而當我們這樣做時，會獲得稱為「幫助者興奮」（helper's high）的多巴胺獎勵。

有許多活動都可以帶來貢獻，不僅侷限於志工。當孩子在學校、體育活動或學校戲劇中有出色表現時，提醒他這些表現能對他人產生正向的影響，包括直接的影響，以及他們在過程中所展現的努力、韌性和堅毅，因而為他人帶來好榜樣所產生的間接影響。引導孩子與家人、朋友、團體和這個世界建立穩固的連結，並利用這種連結來激勵他們，創造終身的動力。

鼓勵孩子在現實生活和網路上做好事，能幫他建立強烈的連結，這些善行包括：

- 引導孩子練習說一些善意的話或在網路上支持朋友，尤其是當他的朋友在網路上被殘酷批評的時候。
- 幫助孩子參與線上的社區建設活動，像是針對當地事件的募資平台或大型的國際救難事件等。請記住，參與並不一定就要捐款，簡單地將訊息透過電子郵件轉發給朋友、按讚或是留下正面的評論，都是很有力量的支持。
- 鼓勵他發送友好的簡訊、可愛的表情符號或簡短的語音訊息給需要提振精神的朋友和家人，或者也可以單純為了傳達自己的愛。
- 鼓勵孩子以正向的態度接受別人的按讚和交友、追蹤的請求。對孩子來說，學會接受讚美和回報善意的行為是很重要的事。讓他練習說說諸如此類的話：「謝謝你的讚美，這對我來說意義重大。」（接受讚美與需要表揚有很大的不同，為了自我感覺良好而尋求表揚可能會在一開始讓人有努力的動力，但這種動力不會持久，而且最後會讓人一直感覺缺乏安全感。）教會孩子謙虛地接受讚美，讓他明白「按讚」不是一種自我膨脹的行為，而是一種激勵他做出更多貢獻的動力。

如何避免網路霸凌？

當孩子努力培養健康的溝通技巧和同理心時，也可能遇到更具攻擊性的鯊魚型同儕。網路霸凌的特點是透過手機或應用程式反覆傷害他人，使受害者感到生氣、悲傷或害怕。在社群媒體上發送有害的訊息或發布令人尷尬的照片，都屬於網路霸凌的行為。

大約87%的青少年曾經目睹網路霸凌，因此你要時常向孩子詢問他在網路上是否遇到霸凌、羞辱或其他衝突，並鼓勵他在看到讓自己不舒服的事情時來找你商量。這不是一次兩次的對話就可以解決的事情，隨著孩子年齡增長，和他討論的內容也會變得愈來愈複雜，以下是一些你可以參考的處理方式：

- 參考一些你可能聽說過或讀過的故事或新聞。
- 提出開放式問題，像是：為什麼你認為網路霸凌會造成傷害？你見過有人這樣被欺負嗎？
- 提醒他你會詢問是出自關心，並向他保證你不會跑去找其他學生或家長對質、拿走他的3C或讓他轉校。
- 討論如果他遇到這種霸凌，他能做些什麼。

➜如果你的孩子受到網路霸凌怎麼辦？

- 讓孩子放心，不管他可能看到或聽到了什麼，他都是安全、受到支持和被愛的。
- 告訴他這種情況是可以控制的，並且很快會結束。
- 提醒他告訴大人不是在告狀，而是在保護自己，從長遠來看，這也會對霸凌者有所幫助。
- 讓孩子脫離3C休息一下，無論是手機還是筆電。建議他不要搜尋令人不安的內容，尤其是獨處時。如果他堅持要知道別人的評價，由你代為查詢，或請你信任的第三者幫忙。

- 鼓勵他花一些時間與現實生活中的朋友相處，這將有助緩和不好的經歷，並讓他想起自己有可以信任的好朋友。
- 如果發現任何可能構成仇恨言論或兒童色情的內容，請立即聯繫學校或警察。
- 無論孩子是被霸凌的一方還是霸凌者，都請考慮與涉及霸凌事件者的家長聯繫。
- 如果孩子發布了令自己感到後悔的東西，請協助他刪除，並彌補可能造成的傷害。
- 教導他不要在衝動的情況下回應，這時候容易說出一些以後會後悔的話。
- 教導他在與大人討論之前不要在現實生活中與霸凌者接觸，霸凌者就喜歡激怒別人，所以不要讓對方得逞。
- 封鎖任何發送攻擊性內容的電話號碼、帳戶和電子郵件。
- 如果有必要指控霸凌行為時，請事先收集證據，像是將螢幕截圖、保存並列印霸凌的訊息等，以備不時之需。

色情簡訊

色情簡訊（sexting）仍然是一個相對較新且複雜的話題，我們正在進行更多了解，而且這種網路色情還在不斷發展中。一方面，對性和浪漫關係的探索是青少年發展中的正常環節，但另一方面，色情簡訊又可能會造成危害。

色情簡訊是指與他人分享的私密內容、圖像或影片，可能是透過簡訊、社群媒體上的私人訊息或是應用程式來傳播，通常色情簡訊會發生在正在約會，或認為他們正在約會的年輕人之間，但也可能發生在朋友或團體之間。色情簡訊包含各種形式的內容，包括讓人會有性衝動的文字、部分裸體或全部裸體的照片、影片或A片等。

身為父母，你需要了解青少年所面對的壓力。密西根州立大學在2015年所做的一項研究指出，24%的青少年表示他們曾被視為朋友的人性騷擾過，許多分享私密內容的青少年事後會感到羞恥或後悔。研究還發現，害怕在伴侶眼中看起來不好的人，會比在關係中有安全感的人更容易傳送色情簡訊。

我們應該怎麼做呢？

- 在你教導孩子基本的性知識時，務必要將色情簡訊列入教導內容。
- 儘早與孩子談論健康的性和人際關係議題，不要等到憾事發生才後悔。問問孩子是否聽過「色情簡訊」這個名詞，說不定他知道的比你還多，這也會讓你知道他的年紀是否可以討論相關議題了。
- 如實回答孩子關於色情簡訊的問題，但沒有必要給出過多的訊息。隨著孩子成長，你將以不同的方式和他進行多次對話。
- 務必要讓孩子明白在司法上，未成年人發送色情簡訊可能會被視為犯罪行為。
- 建議他立刻刪除別人傳來的色情簡訊。
- 告訴他絕對不要向他人索取色情照片或影片。
- 提醒青少年，色情簡訊一旦被看到就是被看到了，而一旦被發送出去也無法收回。你可以問他如果那些內容被祖父母、老師、教練或堂表兄弟姊妹看到，他會有什麼感受，讓他心生警惕。
- 跟孩子解釋，雖然有時候他會覺得自己非得傳送或索取這些內容不可，但這些行為產生的後果可能是長期的，所以最好避免。

7 激發創造力的泉源——血清素

世上本無事，庸人自擾之。

——《新唐書》

莉莉・辛格（Lilly Singh）是個很特別的人。2019年秋天，這位31歲的喜劇演員在NBC電視台的節目《莉莉・辛格的深夜時間》（*A Little Late with Lilly Singh*）中首次亮相。她不是因為電影或電視成名，而是透過寫作、導演和在臥室拍攝以自己為主的YouTube影片累積出名氣與財富。這些影片的總瀏覽量已經超過十億次。

辛格在多倫多郊區長大，她的偶像是巨石強森，她夢想長大後能從事嘻哈產業，但她勤奮工作的父母希望她選擇傳統一點的工作。然後，當她22歲在多倫多約克大學攻讀心理學時，開始罹患嚴重的憂鬱症，她說：「我過著行屍走肉的生活，做著家人希望我做的事。」

有天她發現自己很閒，就開始觀看一些有趣的YouTube影片來做為娛樂。某天，辛格決定自己發布一些東西，她發布了一首口語詩，但後來因為覺得「太瘋狂」而刪除了影片。儘管如此，這首詩還是獲得了70次瀏覽，當時她覺得這就是名氣，她在《好萊塢報導》的訪談中說道：「那讓我大吃一驚，這些人是怎麼找到這個影片的？他們是誰？又為什麼想看這個影片？」更重要的是，這件事點燃了辛格的熱情，她在2019年告訴《紐約》雜誌：「在學校上了這麼多課之後，我終於找到自己喜歡做的事情。」

第一部影片之後，她又拍了第二部、第三部，她在自己打折時購買的佳能相機前變得愈來愈自在，還自學了更多關於燈光、角度和影片編輯的知識。她開始建立自己的特色，她的影片主題主要是針對青少年文化和她自己的南亞傳統進行古怪和細微的觀察。不久之後，她稱呼自己為「女超人」，並以這個角色每週發布兩部影片。到了2017年，《富比士》將辛格評為YouTube上收入最高的女性，也是該平台整體收入第三高的創作者。

辛格喜歡鮮豔的色彩和反戴嘻哈帽，也展現了YouTube的DIY風格。2019年，她接手了卡森．達利（Carson Daly）在NBC電視台的節目時段，成為電視史上的大事。達利的成名之路是一步一腳印走來的，他最開始是電台DJ，然後才成為MTV台的VJ。而辛格則是透過數位工具開創了一條新道路，從攝影到掌握喜劇時機點等技巧都是她透過自學而來的。

有創造力的孩子

你的孩子也具有像辛格那樣讓自己成為全球知名人物的創造力，畢竟孩子就是天生的創造家，這就印記在他們的DNA裡，每個孩子在創造時都是最純粹和真實的。

「創造力」一詞並沒有具體的定義，一直是個有點模糊的概念。但大多數人都同意創造力是一種創新事物的力量，可以是新穎的想法或設計、想法之間的連結，也可以是一種問題的解決方案。creative（有創造力的）這個詞來自拉丁文

creare，意思是「產生、造就」，不只有天才和神童才有創造力，我們每個人都具備這個力量。

像湯瑪斯・霍布斯（Thomas Hobbes）和約翰・洛克（John Locke）這樣的啟蒙思想家就認為，想像力和創造力是人類進步的動力。創造力的確是進化和成長的主要推手，也是我們之所以為人的重要元素之一。我們可以動手將想像化為現實，無論是洞穴牆上的長毛象壁畫、治療疾病的藥物，還是虛擬跑步機等，都是人類想像力的產物，這種與生俱來的潛力是智人（*Homo sapiens*，拉丁文「智者」的意思）與我們原始人類祖先的不同之處。

我常將人類的心智視為指紋，每個人的思維模式和大腦結構都不相同，每個人都是獨一無二的，都是遺傳因子與生活經歷所累積的結果。我們的孩子必須學會透過挖掘每個人內在的巨大創造潛力來發展自我、熱情與才能，任何人都不能從外部強行改變他們的自主權、掌控力和意向，即使是父母也不行。

本章探討科技如何幫助孩子發現個人的熱情，激發自己的創造力，找到他們真正的人生目標和使命。

大腦中的血清素

我們每個人都希望自己是重要的，都不想在沒有留下任何成就、影響力和存在過的痕跡就死去。我們的大腦經過進化，會想要尋求他人的尊重和敬意，這就是為什麼有人讚賞你或請你負責某些事情時，你會感覺很好。這一切背後關鍵就是血清素，血清素是一種能產生安全感、滿足感和自信的神經化學物質，它還可以增強自尊心，增加創造力和價值感，並有助於避免焦慮。

回想一下你為自己感到驕傲的那一刻，也許你實現了重要的個人目標或得到同事的認可，你感受到的自信和力量都來自大腦中血清素的累積。這種神經化學物質可以讓孩子的創造性思考獲得成長，他們在使用應用程式、上網或打電玩時如果可以發揮創造力或增進對世界的了解，就會讓他們產生血清素。當他們學習、發揮想像力、與人合作、創造或激發熱情時，無論是透過寫作、繪畫還是演奏音樂，都會啟動認知和生理的進程，從而激發和拓展他們的創造力，而這些過程會增加血清素濃度，使他們感到快樂、自信和滿足。其他能讓血清素大量釋放的因素還有陽光、運動和與社會的連結。

血清素濃度降低會導致孩子情緒低落、容易生氣或無法控制自己的衝動。事實上，血清素功能障礙被認為會造成焦慮和憂鬱。在對經過生物工程改造的小老鼠進行的實驗中，研究人員發現如果幼鼠在大腦快速發育的時期缺乏血清素，成年後會表現出焦慮的行為。研究顯示，壓力會破壞創造力，靈長類動物在有壓力的情況下不會去追求新的領域或伴侶，人類在有壓力的時候通常喜歡依附於熟悉的事物上。

用於對抗焦慮和憂鬱的藥物，其中包括百憂解（氟西汀）、喜普妙（西酞普蘭）和樂復得（舍曲林），這些藥物都能對血清素系統產生作用。像這樣的藥物屬於一類稱為選擇性血清素再回收抑制劑（SSRIs），它們的作用是限制神經傳遞物質的再吸收，使其在大腦中停留更長時間。

◎科技提升創造力的六種方式

人類透過進化而逐漸成為擁有創造力的生物，科技讓孩子們能夠擁有比以往更大的夢想，讓他們以不同的方式看待世界，從他們希望的任何地方獲得訊息，並拓展新的熱情、概念和想法。以下是科技可以幫助孩子提高創造力的六種方式：

1. **資訊**：這或許是創造力最重要的因素。網路可以說就是為了分享資訊而存在的媒體，現在的孩子幾乎可以獲得他們能想到的各種資訊。
2. **效率**：科技加快了創作過程。比方說寫作，無論是小說還是非小說的創作，都能透過電腦和文字處理器讓寫作和編輯變得更快、更容易。不過，仍有一些知名作家堅持手寫，據說尼爾·蓋曼（Neil Gaiman）、喬伊斯·卡羅爾·歐茨（Joyce Carol Oates）和史蒂芬·金（Stephen King）仍然更喜歡手寫創作小說，但他們是例外。
3. **便利**：任何有手機的青少年都可以拍照或拍攝影片。一般人愈來愈容易取得各種設備或工具來拍攝精美的照片或錄製基本的 Podcast，所以孩子接觸創意媒體的機會也不再那麼遙不可及。

4. **合作**：科技讓與世界各地志同道合的年輕人的合作變得前所未有的容易，當我們與他人合作時就能交流意見，帶來創新。

5. **線上學習**：孩子現在能接觸到各種線上學習平台，讓他們有機會學習許多創意相關領域的基本技能，包括寫作、報導、編劇、導演、表演和烹飪等。

6. **新工具**：3D 列印、講故事和影片創作的工具讓孩子有機會探索新事物，並以各種方式和媒體表達自己。

輔助科技的奇蹟

正如 YouTube 以辛格的父母無法想像的方式為她創造出不一樣的道路，科技也為我的兒子喬許提供了更美好的未來。九歲時，喬許被診斷出患有失寫症

（dysgraphia），這是一種書寫表達的障礙，他幾乎無法將想法寫在紙上，即使勉強做到，筆跡也幾乎難以辨認。他後來被診斷出患有注意力不足過動症，他很容易分心、衝動和吵鬧，他也可能會很健忘和沒有條理，而且難以管理自己的時間。不久前，喬許在學校裡還過得很辛苦，老師和校方都認為他懶惰、邋遢和愚笨。從統計學上來說，他是否能完成高中學業是值得懷疑的事情，要是他無法完成高中學業，那將嚴重影響他的自尊心和職業選擇，甚至可能影響未來的生活。但對於喬許來說，輔助科技為他開展了一個完全不同的未來。

由於患有失寫症，喬許必須使用打字和語音聽寫系統來完成家庭作業、寫文章和考試。而過動症讓他必須在課堂和考試期間使用降噪耳機來提高專注力，他同時還會使用日曆提醒和數位管理裝置來幫忙管理時間。如果沒有這些工具，喬許就難以適應學校的系統。

如今，他是一個自信的少年，有著可愛、積極的個性，受人喜愛。喬許的記憶力也很驚人，也喜歡艱深難懂的事情。他的反應迅速，善於交際也很有魅力。他還是一位參加過國際演講比賽、才華橫溢的演說家，12歲時曾經就種族不平等議題發表演說，當時有五百名成人觀眾為他起立鼓掌。他的記憶力、社交能力和公開演講能力讓他了解到，雖然他在某些方面可能有缺陷，但他也有其他人沒有的才能，公開演講從此成為他的愛好。他知道自己的未來是光明的，想到他如果早十年出生，生活不知道會是什麼樣子就令我心驚。

現在有許多像喬許所使用的輔助科技，這些新媒介可以幫助孩子學習、表達和創作，為有學習差異和身心健康問題者（例如過動症、語言處理障礙、視覺感知／視覺運動障礙、自閉症和閱讀障礙等）提供更多教育上的協助。

或許在使用輔助科技上最偉大的先驅，就是劍橋大學的物理學家史蒂芬・霍金（Stephen Hawking），他於2018年去世，享年76歲。霍金在21歲就讀碩士時被診斷出患有稱為肌萎縮性脊髓側索硬化症（ALS）的疾病，這個疾病又被稱為葛雷克氏症（Lou Gehrig's disease），是一種神經肌肉萎縮症，他在一生中向我們展示了科技能幫到什麼程度，他也闡述到對於那些缺乏某些能力的人來說，科技可以讓他們有機會為我們的知識和文化產業做出貢獻。

霍金成為文化偶像和世界上數一數二著名的科學傳播者，他的著作《時間簡史》（*A Brief History of Time*）吸引了全球讀者的關注。這本書探討宇宙學，文筆犀利而詼諧，曾在《倫敦時報》暢銷榜上蟬聯四年半，締造紀錄。霍金說他盡量避免用科學術語來加重一般人在閱讀這本書時的負擔，並盡可能以最容易理解、最實事求是的風格寫作，他想讓普通人「也能親近偉大的知識和哲學問題」。在他的一生中，霍金成功發表了數十篇科學論文、社論和兒童讀物，儘管疾病加劇了他的癱瘓程度，他還是持續在世界各地發表演講。

當霍金無法言語之後，他在鍵盤上安裝了一個拇指按鍵，讓他可以撰寫演講稿和透過語音合成器「說話」。然後，在他生命的最後幾年，當他虛弱到無法動手指時，他開始借助單詞預測演算法來進行交流，靠著繃緊臉頰和眨動右眼，他仍然能夠控制自己的電腦。

在霍金的一生中，他對我們了解早期宇宙和黑洞行為的貢獻超過了愛因斯坦以來的任何科學家。如果沒有輔助科技，這些知識可能會一直鎖在他的大腦中。

中國的學校課程

現在讓我們來探討一下孩子的教育如何幫助他們培養或破壞創造力。每隔三年，世界各國就會開始關注彼此的學校體系，這件事會發生在ＰＩＳＡ分數公布時。PISA指的是「國際學生能力評量計畫」，是一項針對15歲孩童在數學、科學和閱讀方面進行評分的國際考試，上海和香港的15歲孩童一直在這項評估中名列前茅。在2009年PISA成績公布後，上海和香港分別排名第一和第二，而美國則是排名24位，遠遠落後上海和香港，當時美國的教育部長曾說：「這是殘酷的事實，我們的教育方式顯然是落後了。」

這些分數向西方媒體、政治家和政策制定者顯示了一件事：中國的「高分」等同「教育方式成功」等同「值得效仿的制度」。西方政府試圖透過取消下課時間和體育課、加入更多考試以及對學生提出更嚴格的要求，來使他們的學校更「中國化」。與此同時，北京正在將中國的學校帶往相反的方向，他們不再死記硬背，也縮短了漫長的上課時間和減少了大量的家庭作業。當然，他們的教育體系產生了出色的應試者，但中國官員很清楚這種方式的不足之處。

隨著各種創意出現，不斷推動現代的全球經濟，中國知道在自家教育體制下畢業的學生思考過於僵化，無法滿足這個世界需要創意的需求，而這一點是有數據可以證明的。我在為《哈佛媽媽的海豚教養法》一書巡迴訪問上海的復旦大學時得知此事，在那裡我遇到了負責為該國學校體系制定新方向的智囊團。

每個希望上大學的中國學生都必須參加普通高等學校招生全國統一考試（NCEE），即俗稱的高考。過去50年來，中國政府一直在蒐集數以億計的高考成績數據。我在上海時，有人問我認為每年高考排名頂尖的學生後來都怎麼樣了，答案令人震驚：他們一事無成。那些在考試中表現優秀的學生沒有發明新專利、新技術，也沒有發明治療疾病的新療法，他們在大學畢業後就「消失了」。

中國的政策制定者並不是不知道，中國最知名的商業巨頭馬雲不僅兩次高考不及格，而且曾經在滿分120分的數學只得了1分。馬雲最終進了大學，在英文系就讀期間獲得中等的成績，然後於1999年在他的公寓裡創立了全球最大的電子商務公司阿里巴巴。

馬雲曾在一次演講中說道：「我告訴兒子，你不需要進入班級前三名，中間名次就很好了，只有成績中等的學生才有足夠的空閒時間學習其他技能。」和馬雲一樣，中國許多頂尖的科技業高階主管的在學成績都很平庸。

隨著中國轉變成一個希望培養學生創意的體系，它開始限制學校考試的頻率、降低考試的重要性，還推出了限制學生學習量的政策，禁止學校在放學後和寒暑假期間提供額外的輔導；另外他們也逐步將教育的範圍擴展到傳統科目之外，強調CQ（意識商數）的重要性，包含創意、批判性思考、溝通、合作、貢獻這五大範疇的能力。相關方法包括教導孩子社交技能，提供以遊戲所帶動的學習、道德教育以及對藝術教育更多的重視，並增加學生獨立思考、探索和創造的機會。

CQ技能如何幫孩子取得好成績？

我在任教的大學採訪即將就讀醫學系的學生時，讓我更加相信CQ技能的重要性。我們未來的學生全都非常有才華，其中包括來自北美各地大學的資優生、受過專業訓練的鋼琴家和奧運水準的運動員。他們的經歷證明自己都是紀律嚴明、勤奮好學的高智商學生，但對於下一個世代的醫生來說，這些資質已經不夠了。

當學生接受訪談時，我們評估了他們的CQ。比方說在一些訪談中，我們會給這些學生一幅畫、一句短語或一首詩，他們可以觀察一分鐘，然後就必須走進考官所在的房間，解釋圖像或文字對他們來說有什麼意涵，以及他們為什麼這麼覺得。他們有七分鐘的時間，這對即興演講來說是非常長的時間。

這個練習是要挑戰學生的創意思考能力，評估他們的即時反應。這種類型的考試無法事前準備，所以有些學生考砸了。一名年輕女孩因為壓力過大而開始哭泣；一個年輕男孩生氣了，因為他認為問題並不公平。我的同事稱這些學生為「脆餅和茶杯」，他們是一群精疲力竭或被氣泡紙包裹起來的學生，非常脆弱，所以很容易在遇到挫折時崩潰。這些學生往往不喜歡冒險，通常都很疲憊，壓力很大而且思想僵化，剛進入醫學院的年輕人不應該有這種反應。

然而，表現出色的申請者令人讚嘆，他們能夠快速思考並流暢交流，他們會看著我的眼睛微笑，說話時充滿熱情和篤定，他們能夠從生活經驗中擷取靈感，並懷抱正確的價值觀，他們是我會希望成為我孩子小兒科醫生的人。

在教導醫學生（或任何科別的學生）時，我們不需要像過去那樣專注於教學內容。相反地，我們必須更加重視教導他們如何思考、如何提出正確的問題、如何以同理心對待患者或客戶、如何採取主動、如何發揮創意解決意料之外的問題，以及如何面對現實生活中的壓力等；而我，知道怎麼做才是最好的方法。

玩耍的力量

玩耍是我們的天性。對於哺乳動物來說，儘管生活在大自然中的壓力很大，隨時可能被掠食者吃掉，但這些動物都還是會抽出時間來玩耍。對於各個年齡層的人來說，玩耍與大腦前額葉皮質的發育有直接的關聯，前額葉皮質位於大腦的前部，就在我們的眼睛後方，指揮我們最高階的思考和功能。

對於所有動物的幼崽來說，玩耍的時間也與小腦的生長速度和大小有直接的關聯。小腦位於腦幹上方，負責許多功能，包括平衡和協調等運動功能。

同樣地，玩耍也會刺激神經生長，讓區域之間斷開的神經元再度連接。研究顯示，玩耍可以刺激負責抽象思考、情緒調節、解決問題和制定策略的神經迴路，讓我們願意承擔風險，並教會我們如何適應。在靈長類動物中，玩耍有助於建立羈絆和重新連結。比方說黑猩猩在打架之後，喜歡互相在對方的手掌搔癢以表達愛意和親近。

但並非所有玩耍都有同樣的效果，大體上來說，玩耍可以分為兩種類型：自由式玩耍和建構式玩耍。

自由式玩耍是充滿創意與即興的，可以幫助孩子建立韌性，並促進他們的情感發展，也可以幫助他們培養解決問題、處理衝突和與人合作的技巧。比方說，玩布偶或沙子可以促進創造力、想像力和健康的情感表達；想像遊戲則能讓孩子有機會演繹新的情況，並從他人的角度看待生活。

建構式玩耍也稱為目標導向的玩耍，必須在玩耍中辨別出特定模式並達成目標，像是組合樂高積木等遊戲，這種類型的遊戲內容會有使用說明、模型汽車或宇宙飛船的零件。此外，足球、體操和曲棍球等有組織的運動，也屬於這類型的玩耍模式。

這兩種類型的遊戲都有益於孩子的健康、學習和成長。不過，當孩子玩那些高度建構式的遊戲時（例如那些讓孩子成為追蹤者而不是領導者的軟體程式），他們可能會喪失執行力，也就是無法自己制定和執行計畫；但當孩子花費較多時間進行自由式的玩耍時，就能更讓執行力獲得更好的發展。

因此，過去幾十年來自由式玩耍模式的消失令人相當憂心，其中科技的進步更是造成此現象的一大元兇。例如，2019年對一千名英國托兒所工作人員進行的一項調查發現，72%的人員認為今日的孩子擁有假想朋友的比例比五年前少很多，63%的人員認為這是孩子使用3C時間增加的結果。

許多父母往往認為所有數位遊戲都是遊戲，但大多數其實只是被動的建構式玩耍，遵循應用程式的軟體規則。在這些情況下，3C肯定會影響孩子的創造力，因為它們會讓孩子失去想像、發明、創新、產製新奇和獨特事物的能力。如果孩子沒有創造出想像力的神經突觸連結，大腦中負責想像力的部分就不會持續發育。

然而，有一些應用程式和遊戲的確能鼓勵所有年齡層的孩子從事自由式玩耍，由麻省理工學院開發的 ScratchJr 程式就能讓孩子創造自己的故事、動畫和遊戲。電玩遊戲也可以大致分為自由式玩耍和建構式玩耍兩種，比方說，《當個創世神》的系列遊戲能讓孩子建構和創造出自己的世界，相對而言，許多第一人稱的射擊遊戲只是讓孩子在已經建構好的世界中扮演單一角色。

最重要的是，自由式玩耍能為孩子提供適應各種情況所需的認知框架和靈活思考。身為父母，我們可能都只是聽到孩子說想玩遊戲，但我們必須去辨別他們想玩什麼類型的遊戲，並鼓勵提供自由式玩耍的遊戲。我也會告訴家長們，盡可能讓孩子遠離電玩，讓他們走到戶外，擺脫規則和結構，利用他們美麗、聰明的頭腦來玩耍。

玩耍可以培養創造力和韌性

創造力和韌性其實是一體兩面的特質：有創造力的孩子往往更有韌性，而有韌性的孩子往往更有創造力。富有創造力表示你能提出新的想法和新的做事方式，而這就展現了解決問題的韌性。

有創造力、有韌性的孩子聰明、快樂又堅強。他們會學習面對問題，以便找到最佳的解決方案，而且通常都能夠想到全新的解決方案。他們知道自己足夠強大，可以觸碰未知的情況，因為他們已經有很多次的經驗；他們不害怕不確定

透過血清素所建立的循環：遊戲、創造力、信心

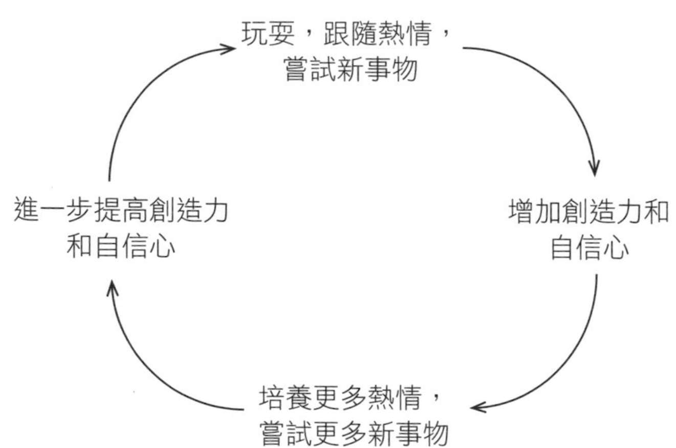

性或失敗，學會了適應變化和厄運，並能在問題出現時堅持不懈，學會克服障礙。以上這些都是孩子透過非建構式的玩耍所發展出來的。

創造力既是一種習慣，也是一種狀態，可以讓孩子們看到問題的核心，或從新的角度看待事物，這反而也能讓他們在看似無關的事物之間建立連結，並獲得新的觀點。

你可能聽過「心流狀態」（flow state）這個概念，它也稱為「處於區間」（being in the zone），這是指一種當你完全專注於某事物時所進入的心理狀態。你是否曾經在努力做一個專案時忘記了時間和自我？那就是一種心流狀態。運動員和藝術家一直努力想要進入心流，在那種時候，我們的心率會減緩，焦慮會消退，情緒會變得高昂，並且可以自由挖掘我們的創造潛力。

很多人似乎認為創造力是天生的，有些人天生就有創造力，有些人則沒有。雖然就如我之前提到的，孩子的確是天生的創造者，創造力的確也編寫在他們的DNA之中，但事實上創造力也是一種技能，需要透過父母和老師的協助來幫助孩子發展。而當科技被用來增強創造力時，可以讓孩子以不同的方式看待世界，從各個地方獲取資訊，發現和發展新的熱情、概念和想法。

◎小提醒

- 每個孩子都蘊藏著巨大的創造潛力。
- 孩子的思考模式和大腦結構都不相同，每個人都是完全獨特的，是遺傳因子和生活經歷累積而成的結果。
- 孩子必須能理解和表達自己獨特的技能、才華和熱情，才能讓未來更為光明。
- 血清素是一種對創造力而言非常重要的神經化學物質，它會讓人產生安全感、滿足感和自信感，還可以增強自尊心，增加價值感，並有助於預防焦慮。
- 當我們運動、曬太陽、玩耍、追隨創造性熱情去做我們喜歡的事情，或是當我們與團體建立連結並做出貢獻時，血清素都會受到激發。
- 我們必須指導兒童和青少年以六種方式使用科技來增加創造力。
- 過去的教學側重於內容，而現在我們需要更加強調如何發揮創意來思考、如何提出正確的問題、如何發揮同理心、如何採取主動、如何解決意料之外的問題，以及如何面對現實生活中的壓力。

- 為了在高度社會化、競爭激烈、以科技為基礎的現代經濟體中取得成功，我們的孩子需要具備電腦所沒有的東西：創意、批判性思考、合作、溝通、貢獻的能力，這些是面對未來所必須具備的五大CQ。
- 在創造力方面，自由式玩耍比建構式玩耍更有幫助，因為自由式玩耍可以刺激負責抽象思考、情緒調節、解決問題和制定策略的神經迴路。

聰明3C教養法

如何讓孩子自信發揮天賦？

在本章中，我們了解到孩子是天生的創造者，科技使他們能夠懷抱遠大的夢想、以不同的方式看待世界、從各種地方獲取訊息，並發現和發展新的熱情、概念和想法。在發展他們的自我和個人才華時，他們的頭腦會產生血清素，這種「快樂的化學物質」能提升他們的自尊心，讓他們感到自豪和滿足。

在接下來的內容中，我將提出一些方法來幫助孩子發揮才能，並找到生活熱情，我還將建議你可以如何運用科技，以幫助孩子建立批判性思考和創造的能力，同時讓他們去探索、加強和展現個性。

◎別做的事

- 不要為孩子解決問題或阻止他冒險。
- 不要在他玩耍時緊迫盯人、試圖掌控其創造力。
- 不要讓他參加過多的建構式活動。
- 不要過度獎勵，以免剝奪孩子從犯錯、失敗和創造過程中所獲得的內在快樂。
- 不要怕他無聊而安排太多活動。

◎應做的事

- 鼓勵自由式玩耍，並預留大量空閒時間。
- 放手讓孩子解決問題、發揮創造力。
- 讓他做出簡單的選擇，像是怎麼寫作業或晚餐吃什麼等。
- 和他討論創造力。可以問這樣的問題：「你今天做了什麼讓你有不同的想法？」或者：「你犯了什麼錯誤？從中學到什麼？」

- 引導孩子進行不同類型的遊戲。
- 讓孩子保持學習的樂趣，並鼓勵他從事健康的冒險。
- 鼓勵他提出問題，也練習觀察。

◎特別留意

避開任何風險太高的3C，以降低成癮、壓力、焦慮、憂鬱、倦怠、完美主義和孤獨的可能，因為這類產品也可能影響孩子的個性、身分認同和熱情。

◎限制和監督

高度建構式的遊戲會導致孩子被動地遵循他人的發明和創造力，許多電玩就是這種類型的遊戲。

◎鼓勵

鼓勵孩子使用能促進創造力、創新、連結和熟練度的科技產品，能讓他釋放血清素。當孩子使用這些科技來創作藝術、圖形和網站，或是學習閱讀、做數學題目時，他會在這些領域變得更厲害。

如何增強玩樂心態？

那些有玩樂心態的人樂於探索新的做事方式，他們也不怕犯錯和冒險，並能透過反覆試驗來學習。所有動物都是透過反覆的試驗來了解這個世界，當父母鼓勵孩子嘗試新事物時，也隨時提醒他們可能會出錯或失敗，重點是要記住嘗試與錯誤是同樣重要的事情。當孩子能夠理解，並接受失敗只是學習過程中的一部分時，他們在學校、工作和生活中都能有更好的表現。

因此，玩樂心態是適應性、掌握度、創造力和創新的基礎，孩子能透過玩耍和探索來發展這些特質。所謂的玩耍可以再細分為六種類型，每一種都能發展不同的大腦中心，因此當我們定期參與這六類活動時，就能掌握人類智力的不同領域，並更能充分發揮潛力；如此一來，我們的熱情和天賦也能發展得更為多元，使我們得以互相學習、互相啟發。

1. 說故事遊戲

孩子天生就喜歡說故事。事實上，自狩獵採集時代以來，說故事一直是人類文化中的一個重要部分，能幫助我們認識世界、理解生活中的教訓並銘記在心。

我們可以引導兒童和青少年使用3C來練習和掌握說故事的藝術，他們現在上網，經常能從短廣告、影片或文章裡接觸到各種類型的故事。他們也可以在某些3C科技的幫助下創作自己的書籍和電影，這些3C能使他們的故事與圖片、音樂、動畫和圖像結合。你也可以幫孩子找到分享他們故事或研究的機會，例如在我們的海豚孩子夏令營裡，其中一項大受歡迎的活動是TED風格的公共演講夏令營，孩子們在這裡可以研究有興趣的主題，並透過故事介紹給其他孩子。

2. 肢體動作遊戲

孩子活動身體的同時，也會活動思緒。當他們玩耍時，會在跳躍、落下、奔跑、旋轉、投擲和接球等活動中動腦，而在激烈遊戲中的身體推拉，有助於發展我們在情感和社會上遇到衝突時所需要的技巧。我們發現，參與摔跤或經典的扭扭樂（Twister）這類遊戲的孩子，都不太會去霸凌別人或被人欺負。因為透過這些遊戲所開發的神經迴路能讓孩子了解，做到什麼程度不會讓人受傷、什麼時候該退一步、什麼時候該堅定立場，以及如何道歉等，這些都是適用於日後生活的重要社交技能。

你可以引導孩子使用某些科技產品來提高他對運動、舞蹈、武術、瑜伽等的興趣和掌握度，比方說，鼓勵他選擇任天堂 Wii 這類主動式科技產品。當孩子以不同的新方式活動身體時，也會刺激和連接複雜的神經迴路，從而提高他整體的智商、情商和CQ。

3. 慶祝和儀式遊戲

這類型的遊戲一直與科技攜手並進。國際婦女節和情人節等慶祝活動透過社群媒體在網路上放送，為我們的生活帶來更多的連結，也更容易預測、掌握。想想每年新年在網路上出現的所有慶祝和儀式，包括各種表達祝賀和除舊布新的訊息、迷因、影片、引語、圖片等，這類遊戲建立了我們的身分認同以及和社群的連結，並讓重要的社會活動更加豐富。

我在社群媒體貼文中也會使用慶祝和儀式遊戲，比方說，我會使用「動機星期一」、「科技星期二」和「健康星期三」之類的標記，讓其他人知道我要分享的是哪一類的訊息。我還會在某些需要致意和表達敬意的日子探索其背後更大的意義，例如在陣亡將士紀念日表達感恩，或在世界心理健康日倡導自我保健等。鼓勵你的孩子使用3C來參與那些對他來說很重要的慶祝和儀式活動吧！

4. 需要動手的遊戲

對人類來說，手的進化時程與大腦的進化時程大致相同，我們用手來探索周邊的環境，啟動強大的心智活動。透過使用黏土、陶瓷、岩石雕塑、沙堡或電玩遊戲機等，你的孩子會開發新的神經迴路，能鼓勵他去探索、評估自身安全和使用不同的工具。科技能夠幫助孩子嘗試其他形式的動手遊戲，你或許可以鼓勵他嘗試機器人、無人機和 DIY 的 YouTube 影片這類新事物。

5. 教育遊戲

教育遊戲包含特定的學習內容，例如透過反覆試驗、遊戲和有趣的方式來學習閱讀或數學，這類遊戲往往屬於建構式玩耍，因為它通常以學術課程或技能的形式呈現。

當孩子們參與這種遊戲時，他必須牢記背後的教育意義不是要在考試中擊敗他人，或透過獎勵和榮譽來彌補不安全感，而是要幫助他學會拓展視野的技巧，讓他可以創造、成長、產生正向的影響，並從中獲得樂趣，這也是他之所以需要上學、讀書和學習的原因。

通常來說，如果一項科技不會破壞生活的平衡，而是能幫助孩子學習閱讀、數學等技能，並讓他建立自信來探索這個世界，那麼這項科技通常就屬於健康的科技。

6. 想像力遊戲

想像力遊戲是最強大的一種遊戲形式，當孩子讓思緒四處遊蕩時，他們正在建立新的可能性。富有想像力的遊戲與創造力、同理心和更高的智商都有關聯。

我讓我的孩子們經常運用感官去想像：這個想法看起來如何？聽起來如何？感覺如何？每次他們想像某些事物時，都在連接、激發各種可能性與現實生活之間的連結。

我女兒上幼兒園時很緊張，但我注意到她很自然地用想像力的遊戲來為自己做準備。她假裝自己是老師，把房間布置成教室，我可以聽到她在自我介紹，並「教導」她想像中的學生。她每次要嘗試新事物時就會重複這種練習，像是在游泳課第一次潛水、轉校、在合唱團唱歌等，都靠這種方式來克服。在這樣做的過程中，她建立了新的神經迴路，並將這些可能性化為現實。

具象化

隨著孩子年齡的增長，他們經常會停止玩這些想像力遊戲，但其實不一定要這麼做，而鼓勵青少年繼續玩假想遊戲的一種方法就是透過具象化（visualization）。

具象化是一種有效的紓壓方式，能讓你減少皮質醇、釋放腦內啡，並透過血清素的釋放開啟與自信和創造力相關的神經迴路；具象化還可以幫助孩子實現具體可行的目標。

我們會對某些事物感到焦慮，有可能是因為對那些事物感到陌生、不確定。由於人腦並不總是能區分真實的記憶和想像的記憶，因此我們可以幫助孩子使用具象化的技巧來熟悉他即將要從事的活動，建立起嘗試新事物的信心。比方說我的一個兒子有懼高症，所以我會引導他使用具象化來減少恐懼，並為我們計畫的高空飛索冒險做好準備。

當你面對某個情況時，如果你可以進行全面又正向的具象化，想像自己獲致成功時可能體驗到的景象、聲音、氣味和感覺，藉此建立自信、清晰的自我形象，那麼你通常就能將這種正向的「記憶」轉變成現實生活中的信心和成功。這種具象化的技巧還可以幫助孩子更快培養新技能，例如我的孩子們就用這項技巧來提高他們三分球投籃的命中率。

◎如何引導孩子做具象化練習？

1. 讓孩子透過幾分鐘的深呼吸來放鬆身心。
2. 幫助他確定清楚自己想要具象化的目標，例如：我將想像在公共場合成功發表演講是什麼模樣。
3. 幫助他使具象化的情境盡可能真實，讓他嘗試用所有感官來建構一個逼真的場景，一個將在他腦海中栩栩如生的「記憶」，比方說想像自己在觀眾面前的樣子、感受臉上的燈光和手中的麥克風等。
4. 讓他透過具象化過去或未來的快樂、感激、愛和自豪的時刻來喚起正向的情緒，釋放多巴胺、腦內啡、催產素和血清素來強化神經迴路。你可以說一些鼓勵的話，讓他具象化的場景更加真實，例如：「現在想像一下，當你發表演講時，身體會有什麼感覺？你會多麼興奮、快樂？想像你花了好幾個星期寫作和練習，所以你當場可以很自在地和聽眾分享知識。請看向觀眾，看看他們有多投入，而你演講的訊息能帶來多大的幫助，花點時間享受這件事，並為自己的成就感到自豪。

你很努力，現在你辦到了。」你描述的細節愈生動，就愈能減輕壓力，並將正向的情緒與活動連結起來。

5. 反覆練習以獲得最佳效果。

保持學習的樂趣

如果我們在孩子弄亂環境時批評他，又透過成績單和標準化測驗不斷給予評價，那就等於是限制他不能玩耍。相反地，當我們將諸如驚奇、自豪和快樂等正向情緒帶入一項任務時，孩子的大腦就會釋放腦內啡、血清素和許多強大的神經化學物質；如果這是一項社交活動，也會釋放出催產素。二十一世紀是一個需要終生學習的時代，如果我們希望孩子能夠自動自發，就必須以有趣的正面情緒來激發和引導孩子學習。

讓學習過程充滿樂趣，可以幫助孩子在日常生活中保持專注和動力；而這將擴散到他們生活中的許多面向，讓他們能保持好奇心，並繼續去了解那些將形塑他們未來的科技。

值得慶幸的是，許多讓學習變得更有趣的方法正是孩子原本就喜歡做的事情。這些方法都是玩耍的一部分，所以我們不用接受任何特殊訓練就能做到。我稱這些方法為「CQ開發者」，因為它們能培養孩子的CQ。以下是我最喜歡的一些方法：

➜鼓勵提問和觀察

提問和觀察世界是孩子天生就會做的事情：為什麼天空是藍色的？為什麼太陽從這邊升起，從那邊落下？為什麼你必須去上班？為什麼人必須死？為什麼？為什麼？為什麼？對任何事物都喜歡提出疑問的孩子也對批判性思考、挑戰現狀和突破界限充滿熱情。

所以你應該從小就讚美孩子的好奇心。雖然有時候你會很想叫孩子安靜，但讓他發問可以培養出重要的批判性思考能力，這將在他長大後發揮作用。雖然有時候你可能一天會被問一百次「為什麼」，但請嘗試透過孩子的眼睛來看世界，並給予熱情、認真的回應。

當孩子長大並開始探索網路世界後，你就要引導他去觀察和質疑在網路上看到的內容，比方說你可以問：「那個影片、迷因或圖像有什麼意義？」「如何使用3C來表達一個想法或概念？」這不僅能培養批判性思考的能力和創造力，還能讓孩子更快做出更正確的判斷與決策，從而保護他的安全。由於孩子從小就知道你很習慣他不斷發問，他自然會建立起那樣的神經迴路，知道自己在網路上遇到問題時也可以問你。不過，所有習慣都必須經常動用才不會忘記，所以你要記得不斷提問，並提醒他有任何問題都可以找你討論。

➜先讓孩子嘗試，再介入

有時候在你給孩子指導或建議前，不妨先讓他嘗試一下。你可以鼓勵他，說明沒有所謂正確或錯誤的方法，讓他用自己的方法試試看。這種對世界的開放式探索能透過不確定性、抽象思考、問題解決和動手學習等方式，創造讓人感覺自在的神經迴路。

比方說，當孩子過度使用3C時，你可以鼓勵他進行一些腦力激盪，嘗試解決這種失衡的狀況。一旦他開始嘗試，你就可以從旁協助，評估他的方法是否可行，又能如何更為成功，然後讓他再試一次，並重複這個過程，直到他能夠自己解決問題為止。由於孩子對於3C的使用、技巧和工具都有深入的了解，你可能會對他想出的辦法感到驚訝。例如當我提醒九歲的女兒，她的目標是少看那些不需要動腦的 YouTube 影片、多支持其他更具創意的平台時，她提出了四個令人愉快的節目，這些節目可以幫助她自製電影、音樂影片、裝飾牆和唇彩！

這個概念也是建立良好3C使用習慣的關鍵，我兒子以前想找適合查資料的網站，會先要我幫他，而不是自己先試試看，於是我告訴他，家庭作業不只是讓你遵循指示或答對題目而已，它也是讓你弄清楚自己知道什麼、還需要學習什麼的過程。

因此，與其直接提供答案，不如試著為孩子分析。例如，某題功課他一直想不出來，因而感到沮喪，這時與其教他怎麼做，不如問他是哪裡不懂、為什麼不懂，再鼓勵他把問題拆解得更細，並提供一些線索或小建議。在他解決問題的過程中，你也可以說些「你快成功了」之類的話，或者在他卡住時表達「我可以幫你解決這個部分」。這種方法有助於活化批判性思考、適應力和創新的迴路，能讓孩子從聽話行事轉為領導開路。

➜ 鼓勵健康的冒險

雖然我們身為家長應該要引發孩子的好奇心，鼓勵他嘗試新事物和冒險，但面對新科技時還是要採取一些預防措施，提醒孩子上網時要小心。透過部落格或設計網站嘗試新的寫作方式是可行的，但發布一些日後可能會令人尷尬的內容則不明智，比如過於私密的故事或是參加派對的醜照就不恰當。

對於熱愛冒險的青少年而言，我不建議使用網路做為冒險的平台，因為網路上的東西會永遠留在那裡，但其中有些內容他們可能日後看到會後悔。因此，你不妨鼓勵孩子去嘗試新的運動、愛好或藝術活動，比方說，讓他參加戲劇課程或即興課程，或是去遊樂園玩、看恐怖電影，藉此滿足熱愛冒險的心。

◎ 孩子上網冒險的注意事項

建議你應該做到這些事情：

- 讓孩子明白最高指導原則就是「以你希望在網路世界中被對待的方式去對待他人」。

- 提醒孩子在撰寫或發布任何內容之前先考慮到未來，因為在網路上難以確實刪除任何內容，而那些內容很容易散播和更改。
- 與孩子一起確認他社群媒體帳戶的隱私設定，向他展示怎麼限制誰可以看到他的貼文、照片和訊息，並解釋這麼做的原因。
- 提醒孩子有任何問題都可以問你，你永遠會出於愛來回應，而不是一心想要懲罰他。

告訴孩子，不要在網路上做這些事情：

- 在網路上分享私人資訊，包括自己的密碼。
- 回覆來自陌生人的電子郵件、簡訊或訊息。
- 開啟位置分享。
- 打開陌生人傳來的連結、附件，或接受他們的禮物。
- 同意和網路上認識的人見面。
- 為了使用某個應用程式而謊報生日（美國《兒童線上隱私權保護法》禁止網路公司蓄意蒐集13歲以下用戶的資料，並禁止將其用於行銷目的）。

休息時間很重要

大家都聽過這個有名的故事，古希臘數學家阿基米德在公共浴池中苦思一個問題，突然間，他發現自己的身體浸入水中愈多，水就溢出愈多。當這位數學天才意識到他找到了自己追尋已久的答案時，跳了起來，赤裸著身體衝回家，大喊著：「我找到答案了！我找到答案了！」他發現了一種透過排水量來測量體積的方法。

歷史上充滿了這樣的時刻，當牛頓懶洋洋地躺在樹蔭下，被一個落下的蘋果砸到時，他發現了重力。愛因斯坦則是在與一位好友閒聊時，想出了相對論中的重要見解。

於加州大學聖塔芭芭拉分校教導腦神經科學的喬納森・斯庫勒（Jonathan Schooler）曾經進行一項研究，研究顯示這些靈光一閃的時刻只有在我們允許大腦漫遊時才會發生——換句話說，大腦需要放空才能建立起意想不到的神經元連結。

我告訴我的孩子們，想像一下，如果在那個重要的日子裡，阿基米德洗澡時一邊滑著IG的貼文，他還會有這樣重大的發現嗎？

8 六週養成健康的3C使用法

告訴我你喜歡吃什麼，我就能了解你是個什麼樣的人。

——法國美食評論家 布里亞—薩瓦蘭（Anthelme Brillat-Savarin）

我的母親已經82歲了，她一面撫養五個孩子，一面擔任廚師、清潔工和工廠工人，一做就是幾十年。她在旁遮普邦的一個小村莊長大，家裡有八個兄弟姐妹。雖然生性聰穎，但她的父母卻沒有能力讓她上學。她一生辛勞，卻始終保持優雅、希望和感激之情；她相信宇宙支撐著她，一切都會按照天意進行。在她的錫克教信仰中，有三個信念是最重要的：努力工作、合群共享、信仰你精神上的連結，尤其是在艱苦的時刻。

星期天祈禱後在寺廟裡，我們會幫母親為社群做午餐，然後打掃和清潔。即使當我因為第二天要交作業或考試而覺得壓力很大時，她也要求我去幫忙。她總是說因為我的社群需要我，這不僅讓我感到自己的行為很重要，而且讓我了解到人必須為了促成更大的福祉犧牲自己。奉獻和信任是我們家的關鍵價值觀，我記得有一次我在一個很難的數學考試中拿到95分，我衝回家告訴母親，她回答我說：「那很好，但你今天做了什麼？你幫助了誰？」她總是明確讓我認知到，學術或物質上的成功不代表一切。

我們家絕對不富有，然而在拮据的生活中，父母總是讓我們知道我們還是有餘裕可以幫助別人。有一次，父親在開計程車時在機場遇到了一個新來的移民，那個男人無處可去，所以父親就邀請他到家裡來，讓他待了兩年。父母會告訴我們，人與人之間緊密的羈絆能讓我們活下來，因為當有苦難發生時，我們會互相分擔。建立在善良、同情、信任和社群之上的人生才是有意義的人生。

在成長的過程中，我的母親並不擔心要怎麼育兒才正確。事實上，她認為育兒專家的理論都是胡扯。母親是個有智慧的女性，她運用自己的常識來決定該怎麼行動。她對我們寄予厚望，但相信我們會按照自己的意願完成工作、取得成功；她會給我們設定規矩和告訴我們做事的條理，但不會大小事都要管；她希望我們在學校盡最大的努力，但很少檢查我們是否完成了家庭作業。簡而言之，她是一位真正的海豚母親。

海豚父母為孩子所創造的環境是充滿信任的，跌倒和笨手笨腳都可以被接受，反覆試驗就是我們最好的學習方式。當孩子還小的時候，海豚父母會抱起他，幫忙收拾殘局，但等孩子長大，他們就會希望孩子獨立，並引導孩子學會收拾自己的爛攤子。他們重視自我照顧、與人的連結、適應力、合群和自動自發的能力。

我的母親憑藉她的直覺來養育孩子，這是人類的天賦，她打從內心知道，信任、樂觀、奉獻與平衡的生活方式才能帶來健康的生活。為了在現今這個高度相互連結、壓力沉重的世界中成長，我們非常需要記住這些簡單的道理。當然，我並不是說爸媽完全不需要干涉子女的決定，爸媽如果只是買 iPhone 或筆電給孩子，然後希望他們自己學會克制，這樣是不對的。為人父母的辛苦之處就是必須不斷引導孩子成為最好的自己。

在本章中，我為家長們提供了一些簡單的教養範例，幫助你引導孩子做出更好的數位決策。目前為止，你了解了孩子使用3C時會發生什麼事情，以及這些產品將如何在現在和未來影響他們。你了解這些科技公司如何利用人類生物學來讓孩子們迷上它們的產品，但你也知道，有益的科技可以幫助孩子和他人連結、培養創造力，進而成長茁壯。

我接下來會談我的六週六步驟計畫，幫助你重新平衡家裡使用3C的狀況。但在那之前，讓我先回來談談利用直覺幫你做決策的這個想法。

直覺之美

請回想一下，你上一次獨自在廚房或電視機前吃垃圾食物的情景，當你伸手去拿那些餅乾時，可能會感到一陣興奮，這種感覺是由多巴胺引起的。餅乾吃完的時候你又是什麼感覺？你想吃更多嗎？也許吧，但我敢打賭，你也有點生氣，對自己感到惱怒，甚至可能有些自我厭惡。這種感覺是由多巴胺戒斷和皮質醇共同引起的。

現在，回想一下你上次和家人一起做飯或吃一頓健康大餐的情景，當你吃完飯的時候，有沒有感到內疚或沮喪？可能沒有。事實上，我敢打賭那頓飯應該讓你感到很滿足，也讓你覺得和最親近的人有所連結，甚至可能會讓你動力滿滿，準備解決手頭上的下一個任務。這些美好的感覺是由腦內啡、催產素和血清素的釋放所引起的。

無論我們是否選擇傾聽，我們的身體總是在與我們交流。當你喝了第三杯酒，變得遲鈍，開始口齒不清時，你的身體在告訴你別再喝了；當你吃完第二塊巧克力蛋糕後開始反胃時，是身體在告訴你別再吃了。

事實上，你不需要一本書或某位專家來解釋這一切。如果你處於放鬆和反思的狀態，你就會明白身體正在向你傳達什麼訊息，這就是直覺。然而，如果你壓力過大，引發了僵住、戰鬥、逃跑的反應，那麼你就只會感受到焦慮、易怒和分心，而無法聽到身體與你交流的內容。內心的聲音將變成一種衝突的噪音，讓你無法靜下心來，你無法憑藉直覺與世界互動，而是驅動你的生存本能去反抗它。

對我來說，直覺就等於常識，是一種我們都共享的知識，植入在我們的神經化學系統和具備可塑性的神經線路裡，只有在我們放鬆的時候，才能最了解我們對某種情況的直覺感受，那時候就能清楚看到答案和對策。

使用3C的體驗與進食並沒有什麼不同，也會引發類似的生理反應。某些類型的3C可以培養孩子的思考、讓他們的身體茁壯，而有些3C則會讓他們感覺很糟，特別是當他們過度放縱自己時。透過關注孩子使用3C的經驗，並鼓勵他們養成觀察自己的習慣後，他們就可以培養自己對3C的直覺，並逐漸學會如何自我控制。

什麼是有益的3C？

我們可以教導孩子妥善使用3C，讓他們知道使用有益的3C和吃有益健康的食物一樣重要，因為食物和3C對身心帶來的影響是很類似的。我們會教孩子不要吃有毒的食物、限制零食、多吃健康的食品；同樣地，我們也必須教孩子不要使用有毒的3C、限制他們使用垃圾型3C，並將健康的3C用於達到生活平衡。就像野生鮭魚、堅果和莓果等食物能增強大腦的功能，讓他們有更好的表現，健康的3C也能發揮同樣的作用。

當你透過各種熟悉的範例盡早開始教導孩子，並持續深化這種觀念時，孩子就能終生受用。在教孩子了解健康的3C之時，你也該教會他如何分辨哪些是好的

3C科技。

但我們知道，正如食物不一定能簡單分類一樣，3C也是。比方說，燕麥棒可能看起來很健康，但通常經過大量加工，且含有高糖。這就是為什麼以下提到的3C對策沒有將3C單純分類為好的或壞的，而是以使用環境、讓孩子釋放的神經化學物質以及帶給孩子的感受做為衡量依據。例如，若某個3C必須在半夜使用、會妨礙睡眠，那就永遠稱不上是好的科技；而用來逃避壓力或焦慮的3C也一樣不健康。請與孩子討論這些事情，幫助他了解3C如何影響他的情緒和行為，並進一步幫助他做出有益自身健康的選擇。

事實上，讓孩子了解3C和神經化學物質之間的關係能讓我們更了解人類的行為。孩子將開始明白，除了食物和他使用的3C之外，人際互動以及他對時間運用的選擇，也都會影響他的感受、情緒和所作所為。

健康的3C

健康的3C包括各種能讓孩子大腦釋放腦內啡、催產素或血清素的網站、應用程式和平台。換句話說，這些科技將引導孩子做到三件事：自我照顧、與人連結和發揮創造力。健康的3C可以讓孩子享受在網路上探索世界的樂趣，只要他們的上網時間能和花在現實生活中的時間取得平衡即可（請參閱第69～70頁〈如何安排3C時間？〉）。

我鼓勵孩子利用他們的3C時間來做上述的三件事；請告訴你的孩子，這就像吃健康的水果、蔬菜和蛋白質一樣。因此，讓我們複習一下能促進自我照顧、與人連結和發揮創造力的關鍵要素：

腦內啡是人體的天然止痛劑，是攸關我們身心是否安好、愉快的神經化學物質。那些能促進正念、感恩和有氧運動等的3C，都有助於自我照顧，能刺激腦內啡系統。

催產素會在我們與他人建立有意義的連結時，使我們內心感到溫暖又舒暢。能觸發催產素釋放的3C，包括與家人和朋友的視訊、正向的社群媒體以及能強化社群的線上募款活動。讓這類3C激發催產素，通常對人有益；但有個例外：如果居心叵測的人或行銷人員想藉由操弄信任來達到目的或鼓吹消費，那就是有害的。因此，我們必須了解，在網路上建立的連結和信任並非全都有益身心，並教導孩子懂得辨別操弄人心的策略。

血清素是代表創造力、快樂和自信的神經化學物質，當我們運用3C在感興趣的領域進行創造、創新和深化能力時，就會釋放血清素。例如，孩子使用3C來創作藝術、圖形和網站，或是學習閱讀、做數學題目，他們也正在學習如何把這些科技用得更好。總結來說，若線上活動涉及創造性思考、獨立解決問題和發揮領導力，參與這類活動對孩子來說是有益的。

➜垃圾型3C

多巴胺是一種提供獎勵的神經化學物質，能鼓勵人類在短期內進行狩獵、採集和建立關係。如果這些活動能在生活中維持平衡，並觸發催產素、血清素和腦內啡的系統（必須透過自我照顧、與人連結和發揮創造力的活動），那麼多巴胺的釋放會對健康有益。然而，多巴胺就像糖，我們需要它才能生存，但過量也會導致成癮或造成其他傷害。

不論是強調互動天數的Snapchat，還是重視瀏覽數和按讚數的社群媒體，這類充斥膚淺社交行為的3C都可算是垃圾型3C的例子。當孩子在玩射擊遊戲（有如狩獵行為）或 Candy Crush（有如採集）等電玩時，可能會釋放多巴胺；如果他是自己一個人玩，釋放的機率又會更高。使用這類3C就跟吃洋芋片或糖果沒什麼兩樣。競爭、蒐集東西或看似真實的人際互動都會激發多巴胺，但如果孩子欠缺其他更有意義的活動，一旦他放下遊戲機或 iPad 就會產生失落感，讓他想重回3C懷抱，去追尋更多的多巴胺刺激。如此一來，就會形成惡性循環，讓垃圾型科技戕害人心，使人上癮或充滿壓力。但如果你能與孩子一起來了解這些科技在短期和長期帶給他的感受，就能幫助他自我調整、做出正向的選擇，並建立健康的習慣。

我對待垃圾型3C的方式和對待垃圾食物一樣，如果只給孩子最低限度的量，並不至於造成傷害。例如在星期五，我可能會讓我的孩子晚餐吃披薩，再吃薯條或冰淇淋；女兒可以看一小時她最喜歡的 YouTube 節目，兒子則可以和表兄弟一起玩《勁爆美國職籃》或《國際足盟大賽》。但如果他們一整個星期每天都這麼做的話，那就會危害他們的健康了。

因此，正如過多的糖會戕害孩子一樣，若出現下列情況，垃圾型3C也會造成傷害：

1. 當孩子使用垃圾型3C開始失控，而且發展出成癮症狀時。在這種情況下繼續使用會是有害的，父母有必要進行管控和處理。

2. 若垃圾型3C的使用排擠了孩子自我照顧、與人連結和發揮創造力的時間。即使孩子對電玩或社群媒體沒有上癮，但只要阻礙了以上三件事情，那麼這種3C使用就是有害的。

在現實世界中要完全避免垃圾科技是不可能的事，所以我們的重點應該是要在孩子學會怎麼規範自己之前，做好限制和監督電玩與社群媒體的工作。與垃圾食物一樣，盡量不要讓孩子在家裡有機會接觸到這些垃圾型3C。

➜ 有毒的3C

任何會導致皮質醇釋放的3C都是有毒的科技，皮質醇是一種壓力的神經化學物質，是我們睡眠不足、過度忙碌、精神不濟和孤獨的社會標誌。皮質醇會使孩子在社交上退縮，使睡眠和食慾等生理規律失調，並影響他們的思考。你的孩子應該盡可能遠離這類3C。

網路霸凌、網路上的人際衝突以及導致錯失恐懼症和比較心的社群媒體都是有毒的。請記住，不斷在推特、Snapchat、IG、網路新聞、Podcast和聊天應用程式之間切換的行為也可能是有害的。我們必須教導孩子，當他們不是為了提高生產力和效率而去使用這些軟體時，就會養成容易分心的壞習慣，這不僅會帶來很大的壓力，也讓他們難以反省、沉思和專注，阻礙他們學習和實現目標。

在引導孩子消除和避免有毒的3C時必須保持堅定的立場。我盡量不購買也不讓孩子使用這些3C，阻止所有潛在的博弈和色情網站，並經常與孩子一起討論錯失恐懼症、網路上的比較心態和無意識的一心多用所帶來的壞處。

請記住，如果會導致長期缺乏與他人的目光接觸、睡眠不足、久坐不動、姿勢不良或孤獨感，那即便是健康的3C也會引發壓力反應。科技應該是用來促進健康，或至少不要干擾健康和平衡的生活才是，而好的3C必須能釋放催產素（當孩子建立有意義的連結時）、腦內啡（當他們練習時自我照顧時）和血清素（當他們從事創造性的任務時）。

建立良好的3C使用習慣

在接下來的內容中，我提供了一個方便的參考表，以幫助你對不同類型的3C使用進行分類。但請記住，你必須用自己的直覺進行判斷，在適度的情況下使用起來健康或有趣的3C，在什麼時候會變成過度使用，轉而成為垃圾型3C，甚至是有毒的3C。

關鍵神經化學物質	有毒的3C使用（應避免）	垃圾型3C使用（限制和監督）	健康的3C使用（適度享受）
多巴胺	• 線上賭博和色情。 • 電玩、社群媒體或線上購物出現成癮。	• 使人沉迷的電玩。 • 無意識地使用，像是亂滑手機。 • 膚淺的社群媒體，像是 Snapchat 的互動天數和蒐集按讚數。	

皮質醇	出現下列情況：人際比較、錯失恐懼、社交衝突、網路霸凌、一心多用、失眠、缺乏眼神接觸、孤獨、久坐不動、姿勢不良。		
腦內啡			與現實生活的活動取得平衡，能協助自我照顧的3C使用，包括促進運動、正念／冥想、感恩、睡眠。
催產素	操弄和利用孩子的信任與情感連結，例如：壞朋友、歹徒、詐騙者、政治極端主義者。		與現實生活的活動取得平衡，可以產生社交連結的3C使用，包括：和所愛之人視訊、正向的社群媒體聊天、社群營造、宣傳募款等。

關鍵神經化學物質	有毒的3C使用（應避免）	垃圾型3C使用（限制和監督）	健康的3C使用（適度享受）
血清素			與現實生活的活動取得平衡，可以培養創造力和信心的3C使用： • 一些教導閱讀或數學的教育網站。 • 線上的繪畫、架設網站、剪輯影片、平面設計等藝術活動。 • 進行程式設計，創造電玩、應用程式等。 • 內容豐富的網路研討會和線上課程（例如MasterClass）。

綜合上述，健康的3C使用可能看起來像這樣：

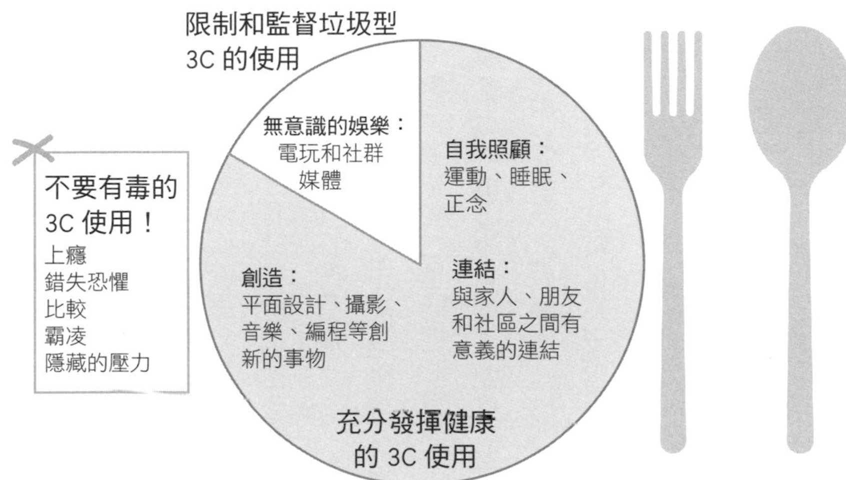

提供孩子健康的3C

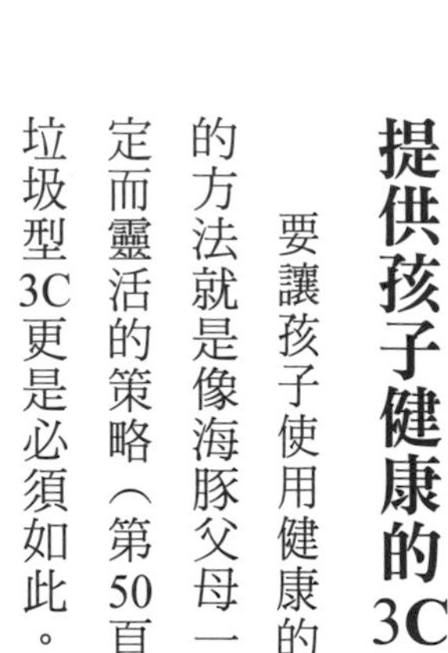

要讓孩子使用健康的3C，最好的方法就是像海豚父母一樣採取堅定而靈活的策略（第50頁），面對垃圾型3C更是必須如此。我們需要注意孩子的3C使用量，並教導他們不要過度放縱，尤其是當孩子的個性比較容易沉迷時更應該多加小心。另外，我們可以透過鼓勵他們思考使用3C帶來的感受，藉此幫助他們學會傾聽內心的聲音，讓他們知道自己何時該關閉螢幕。請記住，提供3C的人是父母，就是因為我們買了這些東西，孩子才有機會沉迷其中。

當然你難免會有疏漏，而且你也會發現有些需要調整的地方，就像面對孩子的飲食習慣也是一樣。如果我的孩子想在一週內花更多時間打電玩或看電視，必須先問過我，就像他們想要多吃甜點時一樣（但當然有時候他們是不會先問的）。當他們被我發現沒有遵守規定時，我們會討論這件事情，有時我會禁止他們打電玩或看電視，有時我會把 Xbox 或 iPad 收在我們的臥室裡，我有時也會對家裡的垃圾食品進行同樣的管制。

我建議父母盡可能延後讓孩子接觸垃圾食品，也盡量延遲讓青少年接觸酒精，對垃圾型3C也是同樣的做法。如果你16歲的孩子不喝酒，就不要給他啤酒，不要讓這件事變成常態。如果你六歲的孩子沒有拜託你讓他上網，就不要給他iPad，不用著急。請記住，目前並沒有證據支持父母應該讓孩子從小就開始使用3C，就像你在現實世界中會限制他們吃糖一樣，也請你與孩子討論如何設定使用限制。

不過，在節日和其他特殊情況時會需要一定的調整彈性，當你和一個五歲的孩子一起搭飛機時，讓他玩一下 iPad 或多吃一塊餅乾，或兩者都順他的心意，也不會是世界末日。

六週實踐計畫

我為你和你的家人制定了這套良好的3C使用習慣計畫。沒錯，我說的是你和你的家人！我們知道，一起努力的改革最容易成功，這種方式不會針對個人，成員之間也可以相互給予支持、動機和力量。

該計畫包括我將近20年來在臨床中研究、教學和使用的方法，這些都是經過驗證的步驟，其科學基礎為動機式晤談、認知行為療法和常識。我已經將這些步驟應用在無數患有嚴重成癮症的兒童、青少年和成人身上，並不斷測試和改進。這些步驟看似簡單，但簡單不表示做起來容易。就像所有成功的育兒方法一樣，你必須持續去做才有可能出現成效。但我保證，當你將這些步驟從頭到尾地應用於你所使用的3C科技上時，就會看到變化。對於某些人來說，變化會很快發生；但對於另一些人來說，則需要一點時間，請盡你最大的努力去理解並與你的孩子並肩作戰。如果你希望每週收到一封電子郵件，提供你本章節中的工作表和圖表（以及更多內容），請造訪這個網站：futurereadyminds.com。

變化的階段

「改變是一個過程」這句話很有道理。早在1980年代初期，心理學教授詹姆斯．普羅查斯卡（James Prochaska）和卡羅．迪克萊門特（Carlo DiClemente）就提出轉變階段模式（Stages of Change model）這項理論，從那時起，它就成為了解人類是怎麼養成健康生活方式的關鍵。在這裡，我們將使用這個模式做為架構，來描述你的家庭在改變3C使用習慣時會經歷的五個階段。

首先，你要釐清你和家人面臨的障礙，並深入了解每個人的心態，無論他們處於轉變行為中的哪個階段，都將幫助你透過該模式為他們提供支持，並使他們朝著目標前進。有些家庭可能不需要六週就能完成這六個步驟，但有些家庭光是某個步驟就可能需要一週以上，這都沒關係，重點是要循序漸進，一次做一個步驟，並不斷引導孩子繼續往下一步邁進。記住要有耐心並與孩子保持一致的感受，不要等到最後才讚美你注意到的微小變化，無論是你的孩子一週不打電玩，還是他開始對社群媒體採取更健康的應對態度，都應該立即給予讚賞。

當你為這個為期六週的挑戰做好準備時，請先思考你自己、伴侶和孩子在開

轉變階段模式

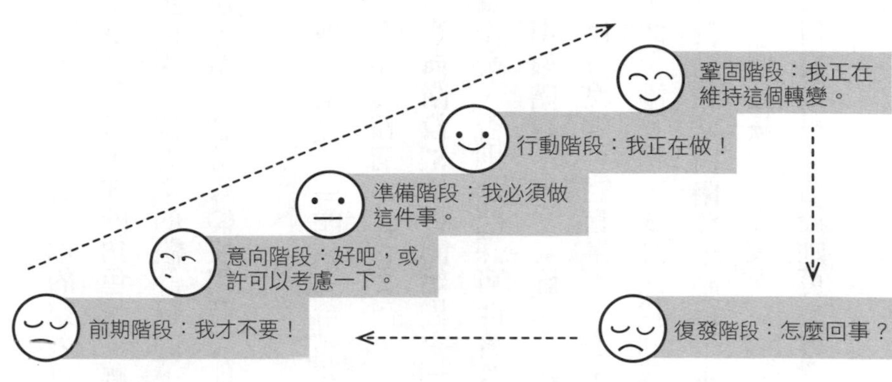

始之前是處於什麼階段，這將幫助你在引導每個人與3C建立更健康的關係時提供適當的支持。

你不妨回想一下自己過去曾經改變的事情，也許你戒菸了，也許你養成了騎自行車上班的習慣，那麼以上一些階段可能會讓你覺得很熟悉。

例如，想一下你在實際行動之前思考了多久，如果你曾經坐下來和家人討論過家庭作業或家務的分配，你可能已經處於行動階段。當你坐下來和家人討論看螢幕的時間和改變家人的3C使用習慣時，也表示你已經進入行動階段。你已經讀過這本書，思考過做出改變的利弊，並且已經醞釀了一個計畫，但是你的家人可能還處於以下兩個階段：前期階段或意向階段。

身為父母，你的角色是了解孩子所處的階段，並引導他做出改變，這正是改變3C使用習慣方案的設計目的。在開始之前，讓我們先思考一下，當十幾歲的女兒決定減少社群媒體使用時可能會有怎樣的發展：

前期階段：一開始她可能會想，健康的3C使用？不，那不適合我，我喜歡IG，我不能沒有Snapchat。

意向階段：她會開始思考「我真的很想上IG看看上面發生什麼事，但我應該要寫作業，否則那門課可能會被當掉」。

準備階段：過了一陣子，她會進入準備階段，這時候通常是發生了新的事件，比方說她可能覺得：「上一次的作業我搞砸了，如果我不開始寫功課，那門課可能會不及格，我必須找回我在網路上浪費的時間。」

行動和鞏固階段：她接下來會進入這個階段，可能會關閉社群媒體一整個月，並開始按時交作業。

復發階段：隨後她可能會遇到瓶頸，可能是成績不好，或是感覺自己錯過了有趣的迷因、朋友之間互傳的笑話和對話等。沒錯，這就是復發階段。在這個階段，她會想說「反正我永遠考不過，我需要休息一下，我需要宣洩一下」，然後就會再度回到社群媒體的懷抱。

當然最理想的結果是你和家人都能夠舒適地處於鞏固階段，但復發階段其實是轉變階段模式的一部分，因此你可能會發現，你或孩子在改變家庭3C使用習慣的過程中不只一次復發，這是完全正常的現象。

但是，當你們進入復發階段時，你和孩子需要重新適應的時間可能會不太一樣。你的復發期可能很短，很快就可以再次採取行動，但你的孩子可能需要長一點的時間來重新思考他的目標。在這個時候，你必須密切關注並傾聽孩子的聲音，支持他，讓他能夠堅持該做的事，並維持在鞏固階段，這樣才能把舊習慣和舊的神經迴路徹底根除，迎接新的轉變和長遠的變化。

第一週：建立動力

許多孩子都不認為需要改變自己使用3C的習慣，他們看不到這麼做的理由，甚至可能否認問題的存在，所以這個步驟的目標就是要讓你的家人開始認真思考3C對他們生活的影響。你可以透過以下方式進行：

- 就孩子觀看螢幕的時間進行開放的對話，了解他喜歡和不喜歡的3C科技。
- 認可他不想在遊戲和社群媒體上減少時間的感受。
- 告訴他什麼是良好的3C使用習慣，向他解釋使用3C會怎麼改變大腦釋放的神經化學物質，又會如何影響他的行為和感受。
- 鼓勵他評估自己目前使用3C的習慣，並討論減少使用後的利弊。討論時請帶著理解的態度，而不是批判的態度。
- 詢問他是否會考慮做這樣的改變。
- 父母以身作則，減少使用3C的時間。
- 明確表示你要改變家人使用3C的習慣。

一旦進行過以上對話，就可以評估家人想要改變使用3C習慣的原因。請記住，你的孩子是個體，你愈與他交流並傾聽他關於自己的3C使用情況，就愈有能力支持他自身的需求。

每個人都需要清楚自己目前3C用了多少，以及想要減少多少。你對自己的使用習慣愈開放和坦白，你的孩子就愈可能敞開心扉，也對自己的3C使用習慣更加誠實。在你們開誠布公談過之後，當未來對於改變的動機產生動搖時，就能回歸到這個共識再繼續努力。

你可以使用以下動機評估工作表來幫助你和孩子探索改善使用3C的習慣。當我們做出改變時，心情會很複雜是正常的，列出3C的利弊是讓你的孩子去思考和討論他怎麼使用3C的好方法。

例如，問你兒子喜歡電玩的什麼地方，他可能會告訴你，這有助於他解決問題，並加強他的協調性。接著再問他關於電玩的缺點，我敢打賭你會對他要說的內容感到驚訝。這是真正了解孩子內心想法的第一步，只有透過這樣的了解，才能有效引導他做出改變。

我建議你在和家人第一次討論3C使用習慣時就拿出這張工作表，讓他知道你會在第一週結束時一起填寫。為了給你一些該寫什麼的想法，我已經按照我自己家人的狀況完成了下面的內容。

◎動機評估工作表

思考一下你家人目前的3C使用情況。有哪些習慣是好的？哪些是不好的？不要只列出他們使用哪種3C，也請列出以下每個類別的具體優點和缺點。

身體健康方面的優點：

- 音樂能在我們運動和玩樂時帶動氣氛，我們在廚房跳舞時特別喜歡放音樂。
- 媽媽會在 YouTube 上觀看瑜伽影片，傑耶弗會在 YouTube 上進行循環式訓練，吉雅每天都使用他的健康手環，而爸爸在運動時會計算他的步數和心率。因此，3C 能引導和鼓勵我們維持身體的活動。

- 教練會傳送賽事影片給喬許和傑耶弗看，讓他們做為比賽時的參考，確保他們了解球隊的戰略。

身體健康方面的缺點：

- 我們都坐太久了。使用電玩、電視、手機和電腦會導致駝背、腰痠背痛，也經常讓我們坐著不動和攝取過多的垃圾食物。
- 媽媽和喬許是夜貓子，當他們晚上在螢幕前寫作業、工作或娛樂時，可能會忘記時間，這會影響他們的睡眠，讓他們早上脾氣暴躁，而且一整天都很疲倦。

精神健康方面的優點：

- 我們會使用 iTunes 或 Spark 等應用程式來幫助冥想，喬許和傑耶弗有時也會使用冥想感應頭帶這類的輔助工具。

- 爸媽會選擇能形塑我們人格的電影，我們會就電影中關於誠信、合群和韌性等議題進行討論。
- 有時我們會看喜劇電影或深夜電視的短劇，例如《莉莉．辛格的深夜時間》，讓全家開懷大笑。

精神健康方面的缺點：

- 在新聞網站和社群媒體上聽到世界各地發生的壞消息可能讓人感到壓力。
- 我們有些人會出現錯失恐懼的心理，尤其是當我們看到朋友在網路上發布他們去玩的消息時。當我們在下雨天看到人們住在陽光明媚的地方時，有時會對自己生活周遭的天氣感到更心煩。我們盡量不將自己的生活與別人發表在網路上多彩多姿的生活進行比較，我們知道那是經過篩選的現實，但仍然會讓人覺得自己的生活不夠精彩。

社交健康方面的優點：

- 和表親、朋友的聊天群組非常有趣，這些群組可以讓我們彼此保持聯繫，雖然有很多不同的群組。
- 媽媽喜歡與她在印度的商業夥伴保持聯繫，看看孩子們在那裡的狀況，我們全都透過 WhatsApp 來與外國朋友和國外家人保持聯繫。
- 教導祖父母如何使用智慧型手機或電腦是件很有趣的事情。

社交健康方面的缺點：

- 關於手機和電玩的使用可能會產生很多衝突，尤其是在假日和暑假、我們的作息時間不正常的時候，這會大大影響全家的氣氛。
- 有時候我們都在自己的房間裡用電腦，可能會沒有參與其他人某部分的生活，沒有足夠的時間與彼此相處。
- 與朋友和家人在網路上交流需要花費很多時間，而且壓力很大，有時甚至感覺像一個永遠不會結束的全職工作。

第二週：準備行動

本週你已經準備好要讓家人改變使用3C的習慣，此時你的孩子也願意思考改變後的好處，但他的內心還是很掙扎，而且可能還沒有準備好採取行動。他可能會說：「我知道我花了太多時間打電玩，也影響到我的運動時間，但我還是不想減少使用時間。」這時你可以嘗試透過以下方式支持他：

- 鼓勵他進一步思考，良好的3C使用習慣會帶來哪些利弊。
- 告訴他新習慣會有哪些好處。
- 和他一起動腦想想看有哪些他可以改變的方式。
- 幫助他思考一些可能會遇到的障礙。

以下是一些問題參考：

- 如果你不減少打電玩的時間，你有時間運動嗎？
- 去年暑假你在祖母家的時候，能控制自己使用社群媒體的時間嗎？

- 你可以怎麼做才能繼續打電玩，而不影響運動時間或學業？

動機量尺

你可能會發現你和家人愈來愈有意願改變使用3C的習慣了，但你的孩子還少了一點動力。不用擔心，你可以評估他的動機，並了解為什麼會缺乏動力，這可以幫助他走上正軌。研究顯示，一般來說動機往往會因為以下兩個原因減弱：

1. 你的孩子認為改變並不重要。
2. 你的孩子沒有信心能成功改變舊有的習慣。

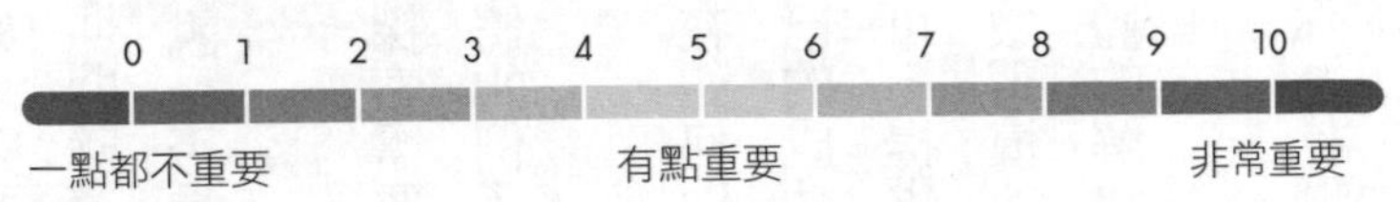

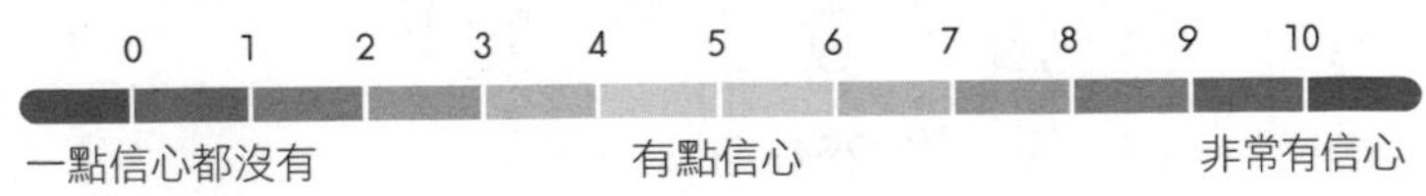

動機量尺是一個很好的工具，可以幫助孩子評估改變壞習慣對他的重要性，以及增強他對自己能夠改變的信心。讓你的孩子在下面的評量表上算出他的分數。他缺乏改變的信心嗎？或者他正在思考改變對他來說是否重要？

如果他對改變的重要性評分低於3分，就必須再去探索需要改變的原因。試著提醒他3C對他身心的影響，從他自己的生活中舉出具體的例子，問他如果不改變會發生什麼事。

如果他對能成功改變的信心得分低於3分，就需要在如何做出改變這方面加強。讓他思考自己即將要做出哪些努力，問他能想像自己的成功嗎？（參考第294頁關於「具象化」的內容）對他做出的任何進展給予認可，提供更多支持。告訴他其他孩子成功改變的故事，或是你曾經成功改變過的壞習慣。詢問他是否有任何阻礙改變的事情，並為可能面臨的問題或障礙提供具體的解決方案，以建立他的信心。

問你的孩子：針對改變3C使用習慣的信心這一點，你為什麼是選擇7而不是5？你需要怎麼做才能提升到8或9？這些問題將幫忙強化孩子腦內自信心的神經迴路，並讓他相信自己真的可以改變。

你的孩子可能需要一個多星期才能培養出足夠的動機，讓他願意與家人一起採取行動。當改變的重要性和信心都達到至少5分時，他可能就已經準備好繼續下一步了。

第三週：採取行動

本週的重點是要設定目標，從準備階段邁向行動階段。你可以透過以下方式支持家人：

- 提醒他們，你們是一體的，為了成功，每個人都必須竭盡全力。
- 幫助他們建立SMART目標（見第336～337頁）。
- 在家庭或團體成員之間設定一些挑戰，比賽誰最先完成挑戰，讓這件事變得更有趣。
- 在futurereadyminds.com網站上參加#techdietchallenge挑戰，並與朋友、

與朋友、家人和學校一起參與。在這裡，你會找到像是承諾卡和結業證書等素材，你可以把這些素材列印出來，讓你保持改變的動力。

在本週開始時，每個家庭成員都應該就自己的3C使用提出三到五個SMART目標；請鼓勵你的孩子設定簡單的目標就好。SMART目標指的是：

具體（Specific）：詢問孩子他想達成什麼目標，以及為什麼要達成這個目標。具體目標可能包括減少花在電玩上的時間或增加花在數學遊戲和健身應用程式上的時間。

可量化（Measurable）：讓孩子提出可量化的目標，例如在平常日最多只能花15分鐘在健康的社群媒體上。為了幫助他自我調節，教他在手機和平板電腦上設定螢幕使用時間，並示範如何設置提醒，讓他能順利進行下去。

做得到（Achievable）：孩子提出的目標必須是符合現實的，我經常建議我的孩子別把目標定得太高，比方說一個月不看電視、每天做一百個伏地挺身，或者在沒有提醒的情況下自動自發去洗澡這種瘋狂的事情。

切題（Relevant）：詢問孩子的目標是否合乎值得去做。這個目標會幫助他有更多的空閒時間、變得更快樂，或改善他的情緒健康嗎？

有時限（Time-bound）：鼓勵孩子為每個目標設定開始和完成的日期。

你可以使用下面的問題做為範例，幫助家人制定良好的3C使用習慣。

S	**具體：** 我想多使用哪些健康的 3C 科技？ 我要限制和監督哪些垃圾型 3C ？ 我想避免哪些有毒的 3C 科技？
M	**可量化：** 我將如何衡量我的進步？ 我怎麼知道目標何時完成？
A	**做得到：** 我需要採取哪些合乎邏輯的步驟？ 我擁有我所需要的資源嗎？ 什麼事情會幫助／阻礙我的成就？
R	**切題：** 為什麼這是一個有價值的目標？ 現在是做出這種改變的適當時機嗎？ 這個目標符合我的長期計畫嗎？
T	**有時限：** 完成這個目標需要多長時間？ 我打算什麼時候開始／完成這個目標？ 我什麼時候要朝著這個目標努力？

現在已經完成了所有的準備工作。你了解了轉變的各個階段、評估了使用3C的利弊、明白了改變的重要性，並對改變充滿信心，而且也寫好了SMART目標。在第三週結束後，將你的計畫付諸行動吧！

第四週：持續行動

在做出正向改變的興奮感消退後，你可能會發現熱情開始減弱，所以本週的重點就是要維持動機，你的家人需要你的支持和鼓勵才能繼續前進。

你必須想辦法讓孩子沒有機會回去使用有毒或垃圾型3C。你的兒子可能會開始為了錯過朋友的活動而沮喪，因為他的朋友會在平日晚上一起打電玩，而你兒子的目標是只在週末才玩。這時請提醒他，他為了妥善管理自己的時間有多努力，並問他能趕上學校學習進度的感覺是否不錯。建議你可以在放比較多天假的週末舉辦電玩遊戲競賽，讓他有一些事情可以期待，並讓他知道電玩並沒有完全離開生活，只是無法每天都玩而已。

你可以透過以下方式支持家人：

- 樂於傾聽，並認可改變會有的缺點。
- 強調改變後帶來的回報，像是更好的健康、與人有更多連結、更能發揮創造力、成績進步和家庭和諧等。
- 繼續鼓勵他們實現目標。

➜用海豚關鍵四步驟來激勵孩子

你也可以調整自己的行為和溝通方式來幫助孩子完成目標。我們得對自己老實點，你可能在這個改變的過程中也遇到了挑戰和挫折，雖然我們不是故意的，但有時候我們可能會將這些挫敗感發洩到最親近的人身上。

因此，我制定了一套四步驟的溝通策略，你可以在孩子努力改變生活的同時加以運用，藉此增強孩子的動機。《哈佛媽媽的海豚教養法》曾介紹過這個策略，我將其稱為「海豚關鍵四步驟」，這個方法被我廣泛應用在家裡和我的年輕患者身上，至今已將近20年了。海豚關鍵四步驟的本質是要引發孩子的溝通動機，讓你能更輕鬆、更有效地與孩子交流，以下我將介紹這四個步驟以及如何實踐。

1.成為海豚父母

不要在壓力很大的時候說話，這種時候你可能會想要控制情況，並與孩子發生爭論（僵住、戰鬥），最後情況搞到無法收拾，你可能就會退卻（逃跑）。我的建議是你應該先從深而慢的呼吸開始，並確保你和孩子開始談話之前，心情是平靜的。

從長遠來看，做一個只會咆哮的憤怒父母是行不通的，當孩子抗拒時，就表示這個方法無效。眾所周知，你愈是逼迫孩子（或任何人），他就愈想反抗。行為科學告訴我們，當我們的目標是說服某人改變時，爭執只會帶來反效果，而且會讓對方變得更加叛逆，尤其是青少年。

因此，當你發現自己與孩子吵得不可開交時，例如孩子爭辯說「這個電玩遊戲沒有那麼糟糕」，你就先暫停下來，做點別的事情，晚一點再回來討論這個問題。記住，你的目的不是要吵架，我知道在腎上腺素暴衝時很難做到這一點，但正是在這種時候更需要冷靜下來，回到心平氣和的狀態，再重啟話題。

為了讓自己能從壓力反應轉移成平和的狀態，我會透過深呼吸（第163頁）、溫水浴、在大自然中散步和具象化練習（第294頁）等方式來協助自己。然而，別忘了最基本的事：別讓自己成為缺乏睡眠、飢餓、咖啡因成癮、孤獨、坐著不動的父母，記得先照顧好自己。

2. 發揮同理心

表達你理解孩子的感受，也願意和他站在同一陣線。

我們不能只有在孩子表現良好時才展現愛與接納。其實當他表現不好時更需要向他展現同理心，這並不表示你接受有問題的行為，而是表示你試圖理解其背後的感受和可能的原因。同理心能讓孩子知道不管他是怎樣的人，就算他有不好的行為和許多缺點，你還是愛他。

對孩子表達同理心能與他建立同盟，有了這種同盟關係，孩子就比較可能在遇到問題時向你求援，而你在他遇到困難時接納他，也會讓他更願意做出改變。同理心還能讓孩子不要看輕自己，不然當他遭遇挫折時，很可能會感到孤獨，並覺得一切都是自己的錯。我們都曾經是孩子，我會經常告訴自己的小孩，我曾經犯過和他們相同的錯，或曾經和他們有過相同的感受。

以下是一些你可以跟孩子表達同理心的話：

- 我了解你現在的感受。
- 我可以看出你現在不想做作業。
- 我看得出來你真的很不高興。
- 我可以理解這對你來說真的很難。
- 我也希望你能玩。
- 我不想掃你的興，但該來擺碗盤了。

3. 認清孩子的目標

你必須站在孩子的立場上，認同他的目標，而不是你自己的目標。我們的行為是由欲望所驅使，孩子也是如此，他需要學習將自己的行為與目標連結起來。既然你的孩子已經表達了想改善習慣，也確定了SMART目標，你可以提醒他自己的目標來維持他的動力。

你還可以讓他了解，他目前的3C使用習慣會對個人目標和價值觀產生怎樣的影響。選擇對你的孩子來說重要的事情，像是：交朋友、戶外活動、活動身體、睡眠、學校、體育和課外活動等。

不過，有時候我們必須讓孩子知道不遵守規定會有什麼後果，或者給予一些獎勵來修正孩子的行為。比方說，我最近就減少了我兒子在手機上的數據用量，因為他總是過度使用。我會提醒這是他自己設定的目標，所以他知道我不是在懲罰他，而是在幫助他重回正軌；他也知道一旦回到正軌，我就會再次提高數據用量。這些策略可以在短期內幫助孩子建立起好習慣，但愈早讓孩子學會自我控制會愈好。

4. 相信孩子會成功

表達你對孩子能成功達成任務的信心。

請記住，當孩子相信某件事很重要，也覺得自己有能力做到時，就會願意去改變。為了鼓勵他相信自己的改變潛能，你可以試著這樣說：

- 我知道你能夠理解這一點。
- 我相信你會找到辦法。
- 我知道我們可以一起努力解決這個問題。

當你努力培養孩子自動自發的能力時，請記住，他必須相信自己有能力做到，才有可能真正成功。

➜如何應用海豚關鍵四步驟？

以下是如何將海豚關鍵四步驟應用於不同情況的範例，前提是你已經完成了第一步驟，趕走了內心的鯊魚和水母父母。請記住，當你說以下這些話時，不能帶著控制、批判、恐懼或憤怒的語氣，而必須帶著愛。

孩子超過了他能看螢幕的時間限制：「我知道當你玩得很開心時很難關上iPad（發揮同理心），但你的目標是堅持你的原則，這樣才能在生活樂趣和學業之間取得平衡（認清孩子的目標）。加油！我知道你做得到（相信他會成功）。」

孩子想繼續打電玩，不想寫作業：「我以前也討厭寫作業（發揮同理心），但你應該不想因為沒有寫完而沒辦法在下課時間和朋友玩（認清孩子的目標）吧？幸好，你只要願意用心就可以辦到喔（相信他會成功）。」

孩子正在看 Netflix，拒絕把螢幕切換成數學練習的應用程式：「你今天看起來很累（發揮同理心），但這是為即將到來的單元測試做準備的有趣方式（認清孩子的目標），你都會告訴我你喜歡用這個應用程式來做數學題目（相信他會成功）。」

提醒孩子他並不孤單。經常關心他的狀況，分享你自己的進步和挫折，想出新的辦法來幫助他保持動力。

第五週：處理復發

本週的重點是留意和處理復發的狀況，以幫助孩子重回正軌。研究證明，動機的強烈程度是會變化的，我們的動機會隨著時間產生波動和減弱。為了維持動機，我們得經常重新評估自己付出的努力，並找到提高動力的方法。回想一下你想要開始節食或運動的時候，你能堅持多久？是什麼事情阻礙你繼續努力？

在某些時候，你可能會發現孩子的動力正在減弱，他甚至可能走回原本的老路。你或許會聽到他說：「寒假不碰3C太難了，又沒有別的事可以做。」這時你可以透過以下方式支持孩子：

- 弄清楚他進入復發階段的原因。
- 制定好因應策略，不要出現讓他想放棄的事物。
- 與他一起回顧改變的好處。

你可以說：「你做得很好，在校表現變好了，你和爸爸與我的相處也變得更融洽。既然你也想要更獨立和有一些零用錢，要不要我幫你找份兼差？」以下這種權衡利弊的方法是一種增進動機的工具，透過重新思考全家做出的改變所帶來的利弊，進而幫助大家維持動力。首先，讓孩子說明他的其中一個目標。例如：

- 目標一：減少垃圾型3C（如電玩和社群媒體的使用），並增加健康的3C（如視訊或正念練習的應用程式）。

在一張白紙上畫一個正方形（如下圖所示），請孩子寫下改變與維持原樣的利與弊。

請他列出減少使用垃圾型3C的好處：

- 可以有更多時間與家人、朋友相處。
- 變得不那麼暴躁易怒。
- 更活在當下，比較不會分心。

缺點呢？請他列出相關的壞處：

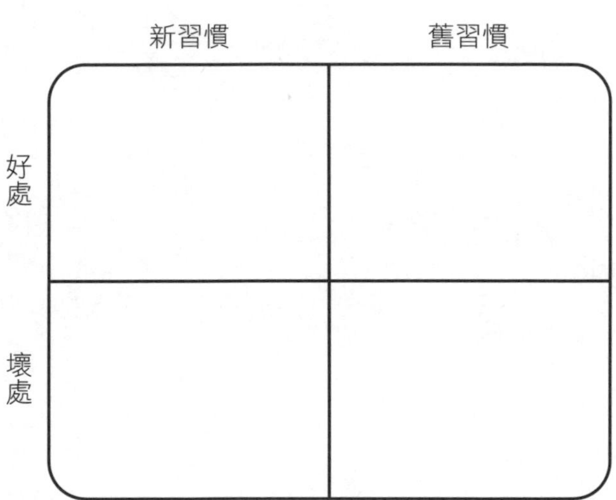

比較無聊。

- 我只是想念打電玩的感覺。
- 沒有東西可以轉移自己不舒服的情緒。

請他列出回歸3C使用舊習慣的好處：

- 可以讓我好一陣子都很快樂。
- 讓我暫時不用去想煩惱的事情。
- 我喜歡熟悉的感覺。

壞處呢？請他列出相關的缺點：

- 我覺得我讓自己和家人失望了。
- 我知道自己可以做得更好。
- 我與朋友相處的時間變少了。

・我變得很容易生氣。

請孩子比較表格上的優缺點，然後問他：根據對你來說重要的程度，滿分10分，你會給每一項幾分？例如，如果與家人和朋友在一起的時間非常重要，那麼它就是滿分10分。完成之後，請檢視圖表並問他：「改變行為所帶來的好處是否值得你去做出改變？」

第六週：全新的生活

恭喜，你做到了！本週的重點是盤點你的家人在過去五週中學到的一切，並慶祝你們的努力（無論結果如何）。請就3C使用這件事與孩子保持良好的溝通，這將能讓他繼續使用健康的3C科技。

研究顯示，當我們對自己的習慣和行為做出正向的改變時，也會對我們生活的其他方面產生連鎖反應。比方說，當你的孩子減少上網時間後，就可能有更多時間在戶外親近大自然、練習吉他或享受閱讀。你最後可以盤點一下孩子總共做了多少改變，然後用一本新書、一張電影票、有趣的家庭吉他比賽或其他適合的獎勵來慶祝這些轉變。

請記住，失去動力和復發都是正常的。告訴孩子，研究證實一般吸菸者必須認真努力大約七次才能真正把菸戒掉，如果你沒有得到想要的結果，或對自己的努力並不滿意，不妨休息一下再試著回到正軌。

新的神經迴路大約需要運行90天才能養成新的習慣，與舊習慣相關的神經迴路也要等到那時候才會被清除，所以舊習慣隨時可能捲土重來。因此，養成新習慣可能是一件很麻煩的事情，過程中經常會出現失誤和挫敗，但千萬不要退縮或放棄，只要繼續前進一定會成功的。當你在引導孩子實現目標時要堅定而靈活，並以耐心、愛以及正向的態度與他共同前進，隨著時間推移，好習慣終將會成為常態。

這是重新評估和檢視孩子的動機評估工作表、動機量尺、SMART目標和權衡利弊的好時機。你可以和孩子討論他最初的想法，看看事情發生了什麼變化，再反覆使用這些工具來幫助彼此維持良好的3C使用習慣。請也記得繼續使用海豚關鍵四步驟來確保孩子的動力。

這裡還有一些方法可以繼續鼓勵孩子產生正向的變化：

使用培養孩子內在控制力的話語：沒有人喜歡被告知該做什麼，每個人內心深處都想要自主，即使是善良、聰明、富有同情心的孩子也一樣。當孩子覺得自己受到控制或威脅時，就會本能地開始反抗。

你可以說：「我不能強迫你理解怎樣是健康的生活，我只能示範給你看，其餘的由你自己決定。」或是：「我可以在這個房子裡設定規則和限制，但等你離開家裡，你就可以自己作主。」

給孩子建議之前，請先徵得同意：許多孩子和幾乎所有青少年都會對不請自來的建議和忠告產生抗拒，即使這些建議都是「為了你好」。建議你在給出意見之前，先問問孩子是否想要聽你的意見。相信我，當你這樣做的時候，事情會順利得多。

我曾經有一個13歲的患者，他的名字叫安東尼，他和一些朋友處得不好，他們喜歡捉弄他、開他的玩笑。有一天，安東尼的朋友在IG上放了一張他長了青春痘的醜照，他的媽媽沒有立刻干預，一句話都沒有說。當她看到安東尼十分難過時，只告訴他：「親愛的，請你告訴我你是否想知道我在這種情況下會怎麼做。」這開啟了安東尼參考媽媽想法的契機，最後他決定向媽媽尋求建議。

提出開放式、非批判性的問題：開放式的問題是表達同理心和避免爭論的好方法，還能發現孩子生活中真正發生的事情。例如有一次我兒子參加聚會後，我問他是否每個人都在玩手機，他用一個惱怒的、簡潔的「沒有」回答，我無法從那個答案獲得太多資訊，所以下一次我就只是問他：「聚會怎麼樣？」他說：「還可以，但我為珍妮感到難過，因為有人在 Snapchat 上發布了一段她不喜歡的影片，然後其他人留了一些刻薄的評論。」我跟兒子說，人們經常會在網路上說一些永遠不敢當面說的話，結果我們就開始討論好的網路行為和網路霸凌的議題。

所以你應該試著說：「噢，這很有趣，告訴我更多。」而不是：「你應該這樣做。」孩子會感覺到你是真的對他的生活感到興趣，而不是總是試圖想去修正一些事情或改變他的行為。

改變說話和聽話的比例：父母經常會對孩子說：「讓我們談談吧。」然後大部分都是他們在說，那只是說教，不是對話，因此我們應該將父母與孩子的說話比例顛倒過來，試著讓孩子說話的時間占多數。不要由你去告訴他健康的3C使用習慣有多重要，而是讓孩子來告訴你社群媒體困擾他的問題，以及他如何與網路上的朋友互動。當他有空間來綜合自己的想法並表達出來時，他就走在了改變的道路上。

說故事：人類是一個喜歡說故事的物種，我們的大腦和心靈對故事的反應比對聽講的反應要好得多。例如，我的患者蕭恩曾告訴他的兒子凱文，他誤信了一個朋友在網路上發布的假新聞，然後他們就針對這個議題開始討論如何在網路上評估真實性和準確性。後來他也用了同樣的方法，跟凱文說他母親最近點擊了一個可疑的網站連結，結果讓他電腦中毒了，接著便問凱文在那種情況下可能會怎麼做，藉此了解凱文對於網路安全有哪些了解和不了解的地方。

我真心希望也相信這些工具能幫助你和家人建立更良好的3C使用習慣，也擁有更健康的生活。只使用健康的3C就像只吃有益身心健康的食品一樣，這並不是一件容易的事。但現在你了解了神經可塑性的力量，我們既能培養新習慣，也有無限的可能可以做出正向的改變，同時也懂得如何應用這些知識。你只需要冷靜下來，傾聽直覺，尊重你和孩子的本性，並記住，當你照顧好自己、建立與他人的關係並發揮熱情創造時，就能從中獲得最大的助益。透過應用本章中的練習，並開始使用健康的3C，你將成為更好的自己。

9 人類進化的下一篇章

當變革之風吹來時，有人築牆，有人建造風車。

——諺語

我一直想知道，是什麼推動了人類的成功？我所說的成功不是指金錢或地位上的成功，而是一種不妥協的生活態度，一種健康、安全、熱情、有意義和快樂的生活，這就是我想要給予孩子的。所以我一直問自己，那些人生充滿熱情、快樂和意義的人與我們有什麼不同？是毅力嗎？但我認識很多有毅力的人，生活卻不一定快樂。是因為有一個美好的童年嗎？但在我的看診經驗中，有愈來愈多患者即便擁有美好的童年，仍陷入嚴重的焦慮和憂鬱，所以也和童年無關。是因為這些人比較堅持、比較有責任感或單純只是運氣嗎？到底需要什麼條件才能過得有意義又快樂？

然後最近我想到了我的母親，她的生活很有意義、充滿了目標；我想到了宇宙學家霍金，他是他那一代最偉大的科學家；我想到了喜劇演員辛格，她克服了憂鬱症，成為競爭激烈的深夜時段節目主持人。他們每個人都能夠以自己的方式優雅地適應快速變化的環境，就在那時候我意識到，這些人之所以能擁有美好的生活，是因為他們都擁有一項共同的特質：良好的適應能力。

如果你聽過英國博物學家達爾文（Charles Darwin）這號人物，可能就知道他曾提出進化論，這個理論眾所皆知，許多人也把它簡化稱為「達爾文主義」。達爾文對加拉巴哥雀進行過許多研究，這些色彩斑斕的雀鳥是進化的象徵，其喙的大小和形狀各不相同，以滿足每個特定島嶼的需求，我們因此了解到所有物種都是透過微小的、天擇的變異來進化。這些基因的變異讓鳥類、人類或細胞在進行競爭和繁殖時擁有較大的優勢，這個過程就被稱為「適者生存」，但這個說法卻造成許多誤會。

有些人誤認為達爾文是在說唯有最強壯的、最健康的或最具侵略性的物種才能生存下來，但他說的「適者生存」並不是指奧運選手、極端自我主義者或電影裡的主角藍波這些人，他也不是要暗示每個人都該為自己而活或生活就是一場殘酷的生存戰。相反地，「適者生存」可以指任何東西，可以是最會偽裝的，也可以是最善於合作或最聰明的，達爾文的意思是那些能順利成長的人就是最適合特定環境的人。

我發現，適應力也是推動人類成功的因素，因此那些能夠在不斷變化的世界中發展、適應和重塑自我的人才能有所作為。

霍金將智力定義為「適應變化的能力」，他的確也適應了許多變化。這位劍橋教授在他的手臂開始失去活動能力時，開發了一種可以在腦袋裡想像問題的方法，有些人認為這種創新的方法可能是他能有許多偉大成就的功臣。霍金說，正是在這種對熱情的追求中，他找到了人生目標和意義，他補充說，如果沒有這兩種引導的力量，生活將是空虛的。

無論在何處，無論是細菌、植物、動物、人類、公司、國家還是帝國，都是由適應能力來決定其滅絕或繁衍。而今天，在這個紛亂的時代，我們必須比過往任何時候都更快適應環境，我們從未見過像今日這樣快速、複雜和大規模的變化。還記得曾經稱霸全球影視出租業的巨頭百視達嗎？市場上隨後出現了Netflix，Netflix將影片郵寄給客戶，打破了影片租借的方式。十多年後，百視達從影視出租巨擘變成了申請破產的公司。然後Netflix再次顛覆自己原本的產業模式，成為影音串流平台，現在它又再一次自我創新，推出許多備受矚目的原創影視作品。

你不妨思考一下，與你的父母和祖父母相比，你在數位時代是怎麼適應的？在iPhone於2007年推出後的短短五年內，超過50%的美國人擁有智慧型手機。相較之下，汽車經過45年才大規模流通，收音機經過40年，而電視經過將近30年。這就是為什麼這個時代如此紛亂的原因，一切事物都正以前所未有的速度創新中。不僅僅是iPhone，我們生活中的每一個面向幾乎都數位化了，從食品分送到運輸再到金融產業皆然。在過去的20年來，我們創造了舊處理器永遠不可能實現的科技，領域擴及社群媒體、電玩、機器人、擴增實境、機器學習，還有許多產業，不勝枚舉。

問題是這些創新來得如此之快，快到我們幾乎來不及反思它們帶來的影響，這就是父母不知道該怎麼教孩子的原因。這些孩子被裹了糖衣的新科技所吸引，我們卻幾乎沒有時間去弄清楚這些科技對我們孩子的情緒、行為或創造力會有什麼影響，更不用說去搞懂這些新設備和應用程式會對他們正在發育的大腦產生什麼作用了。

身為家長，想讓孩子在這個數位化和經濟上不確定的時代成長，就得教會他們怎麼靈活適應各種變化，然而這並不表示要讓孩子隨意選擇任何平台或設備，然後自己去弄清楚這些東西會帶來怎樣的幫助或傷害。如果你能遵循本書提到的解決方法，就能讓孩子在父母許可下以健康的方式使用3C，幫助他們適應生活中遇到的任何問題。

這也能幫助他們培養批判性思考、有效溝通和合作解決問題的能力，讓他們發揮創造力，並為社會做出貢獻。這些CQ技能將在接下來幫助他們應付長大後面臨的大量挑戰，其中可能包括工作自動化、氣候變遷、糧食短缺和居住危機等。

孩子與世界的關係將為他們的餘生奠定方向，甚至可能為科學上一個長久以來的謎團提供答案。

關心、連結和創造

雖然我們在理解人類的大腦方面取得了長足的進步，但仍然有許多謎團，甚至對於如何保持大腦健康和強壯的知識也尚未有一致的看法。

正如我在第1章中談到的，當我們的祖先利用火的力量時，大腦的發育就真正開始了，他們的能量開始從直覺轉移到大腦。雖然無法確切得知發現火對人類早期行為有什麼意義，但可以推測人類因為發現火而變得更加勇敢、更有創意，我們所知的文化也很有可能是因此開始發展的。為了獵殺動物和採集散布在大草原上的植物，我們需要團結起來、分工合作。這種變化給生活帶來了很大的樂趣，突然間我們有了朋友，開始分享想法和故事、發展社會價值觀、互相鼓勵和扶持，同時靈感也與日俱增，得以一起創作藝術和音樂、一起跳舞。我們的生活變得不再那麼可怕和迷茫，而是變得更加平靜、有意義和有趣。

但創新和共存需要施與受。若要成功建立聯盟、維持部落成員的忠誠度，以及向別人證明我們的價值，在智力上和情感上都比以前困難得多，因此也刺激了我們的大腦和神經系統的巨幅成長。

事實上，最新的神經科學證實，我們之所以會成為社會性動物，並不是因為我們的大腦本來就很大，事實可能正好相反：是因為我們的社交能力才讓我們的大腦繼續進化和變大，而隨著時間的推移，變大的大腦又讓我們變得更有創意、更善於發明東西。

問題是從生理上來說，自從我們成為獵人和採集者以來，人類並沒有太大的變化。我們現在雖然有食物外送服務和自動駕駛汽車，但我們的大腦如果要發揮最大的功能，那麼我們就必須身處在大自然中、可以活動身體、和別人一起努力嘗試新方法來因應日新月異的變化。對我們的大腦來說，它的認知就是我們應該要照顧好自己，不然就會死去；必須和其他人連結，不然就會很痛苦；必須去創新，不然就會被拋下。這是我們身而為人的核心價值。

當我們的孩子與他們的社群緊密相連、當他們能夠探索自己的熱情和創造力，並適應新的現實時，他們就能夠發揮自己獨特的潛力。這樣做會讓他們的大腦充滿多巴胺、腦內啡、催產素和血清素，進而讓他們感到平靜、專注、快樂和有價值，這是他們處於最佳狀態的時候。這麼做將使他們從生存模式轉變為成長模式，得以成長茁壯。

事實證明，這樣做不僅能讓孩子健康，也是所有人能夠長壽幸福的關鍵。我們花了幾千年才將所有來自神經科學、心理學和進化論等領域的知識結合在一起，但問題是雖然我們明白這些道理，卻常常選擇忽視，我們讓自己和孩子成為離不開3C的受害者；我們經常為了趕進度而一心多用；我們愈來愈常坐著不動，變得愈來愈孤單和不健康。

新世界需要新智慧

人類自舊石器時代以來就不斷累積各種知識，但我們的世界現在卻處於一種我稱為「負進化」的矛盾狀態。我們從未如此緊密地聯繫在一起，但我們也從未如此孤獨；我們從未如此方便就能取得知識，但卻從未如此緊張或焦慮；父母從未如此緊密地參與孩子的生活，但養育出來的孩子卻從未如此不健康。我們將失眠視為雄心的象徵，將休息視為懶惰的標誌。父母正在靠著3C育兒，孩子們無法自由地玩耍，他們之間沒有連結，甚至沒有眼神交流，也沒有做我們知道他們最需要做的事情。3C科技是一體兩面的，有可能帶來危害，但也有可能讓我們過上更好的生活。

科技為我們提供了絕佳的資訊獲取途徑，並發揮很好的平衡作用，讓所有人都能平等地獲取資訊。然而，焦慮、憂鬱、成癮、過度在意外表、注意力不集中、完美主義和過勞的發生率在我們的孩子身上不斷攀升。孩子們陷入了困境，如果他們不學會控制這些新科技，最終就會被它們所控制，進而使他們更加缺乏動力，更加不快樂和不健康。

這是一項迫切的任務。隨著我們進入一個新時代，我們可能會開始使用各種科技來提升自己，例如我們可以植入仿生眼來改善視力，或透過大腦植入技術來減少情緒障礙。科學家甚至正在設計一個人腦雲介面，讓人們只需要透過思考就能立即獲得大量知識。當人類在科技社會中共同進化時，我們未來可能會成為科技人，超越當前人類的限制。

在某些方面，那樣的世界已經成為現實。我們每天都在依靠智慧型手機為我們做出數百個決定，演算法可能比我們更了解自己，我們懷孕、罹患肝癌或支氣管炎時，我們的筆電通常會比我們自己更早就知道，這都多虧了網路搜尋紀錄。

有些年輕人已經非常適應這個新世界，看看艾瑪·岡薩雷茲（Emma

González）和2018年佛羅里達州帕克蘭高中槍擊案的其他倖存者。在造成14名學生和3名學校人員死亡的大屠殺發生後的幾天內，一群倖存者組成了一個青少年倡導團體，要求政府做出改變。純真又聰明的「帕克蘭孩子」一舉成名，他們盯著那些阻礙槍枝法改革的強大政客和說客；他們發表鏗鏘有力的演講，訴說他們共同的恐懼和失去朋友的經歷；他們在社群媒體上強力放送訊息。結果，數百萬人接收到了，他們的憤怒激發了全國學校的罷課，抗議政府的不作為，並吸引了超過一百萬名抗議者參加他們在華盛頓特區的第一個重大活動「為我們的生命遊行」。

在艾瑪・岡薩雷茲身上，我們看到了數位行動主義的新時代。這位19歲女孩在一段時間內似乎每次說話都會爆紅，她對推特等參與性質的媒體非常了解，她會利用推特與蜜雪兒・歐巴馬（Michelle Obama）等公眾人物互動，她敢反嗆酸民，也不怕批評像饒舌歌手肯伊・威斯特（Kanye West）那樣的人。她很會表達自己，在華盛頓特區的講台上，她沉默地站了6分20秒，眼淚從她的臉頰滾落，這個時間正是槍手在她的學校進行大屠殺所用的時間，這是個很厲害的政治表達。她還只是個十幾歲的孩子，幾週前才目睹了最親密的朋友被槍手射殺，這讓整件事更加引人注目。

岡薩雷茲不僅僅是一個自學的社群媒體高手，她也從佛羅里達的地區學校體系獲得很多知識，該體系慷慨資助了藝術、公民和各種多元科目。她接受的教育中有一項「從小學即席演講的辯論課程」，她也參與了帕克蘭著名的戲劇課；與此同時，和她一樣的倖存者大衛・霍格（David Hogg）則參與了一項創新的實踐媒體培訓課程。所以當霍格和一群同學為了躲避槍手而藏在儲藏室裡時，他開始採訪他們，以便記錄他們的反應供後人使用。

霍格和岡薩雷茲沒有在一個強調標準化測驗和死記硬背的體系中接受教育，他們接受的教育強調CQ技能：創意、批判性思考、溝通、合作、貢獻，這五個特質正是構成適應力的元素，也包括在本書前面提到的三項活動：玩耍、與人互動、休息。玩

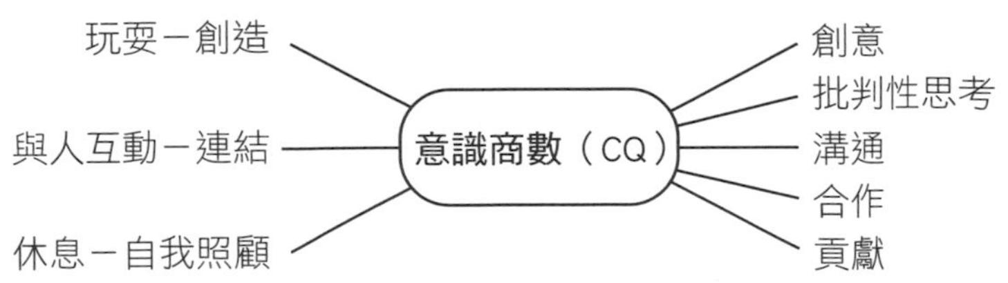

要能幫助我們創造和進行批判性的思考；與人互動能幫助我們學習如何溝通、合作和貢獻；保留休息時間能讓我們健康又強壯。

孩子將承襲的世界與我們的世界截然不同。到了2030年，等他們開始進入就業市場時，預計大約將有八億個工作會自動化。儘管經濟學家對於哪些工作可能會消失，看法分歧，但他們似乎都同意這將成為常態：那些最能夠使用數位工具來幫助他們重新發明或創造新工作的人，將會最有成就。因此，我們身為父母的角色就是幫助孩子做好創新、適應和面對快速變化社會的準備。

傳統上，個人的努力造就你在學校和工作上的表現，你回家、寫論文、念書準備考試；但工作的性質正在改變，今日大多數高價值的工作都是在團隊中完成的。另外還有一個轉變，過去以來教育的重心都擺在科學、科技、工程和數學等學科上，這些科目似乎是通往成功的最佳途徑，而有一段時間確實是如此：然而，現在那些學科的畢業生發現自己愈來愈難找到工作。具備科技專長是很厲害沒錯，但是管理者更需要能夠有效傳達想法和激勵士氣的人。

為了在當今這個高度社會化、競爭激烈、以科技為基礎的現代經濟中取得成功，我們得幫孩子培養電腦所沒有的能力，也就是能解決意料之外的問題和面對現實生活壓力的能力。所以我們要做的就是讓他們遠離有害的科技，接觸能夠培養創造力並強化與生俱來的社會性本能的科技，並幫助他們發展自己的熱情和社群。

我們天生就善於適應

現在我們所處的階段與一百多萬年前的人類開始學習用火的階段大致相同，我們的靈長類祖先必須學會怎麼教導孩子安全地處理高溫、煙霧和燙傷，而科技世代的父母則是需要引導孩子遠離引發壓力的3C，以及透過多巴胺驅使他們玩到停不下來的電玩。我們的老祖先知道不能指望孩子自己學會駕馭火這樣危險的工具，現代的我們也不應該指望孩子自己學會駕馭強大的3C科技。

我遇到的父母對科技的看法往往很微妙，他們了解科技的力量，但又擔心它帶來的風險。科技在這幾個世紀以來一直都是如此，它激發了人類的想像力，卻又讓我們害怕它的影響。當古代人類學會怎麼控制火時，這種工具改變了所有人類的文化，今天同樣的事情正在上演。

網路正在推倒許多阻礙獲取知識的高牆，科技在很多方面改善了我們的生活，但由於生活充滿變數與混亂，我們無法完全看到生活的全貌，這可能令人恐懼，但也令人興奮。

最重要的是，科技幫助我們了解自己，也讓我們更了解神經化學和人腦的運作方式。當我們了解如何去善用過往的經驗時，就能利用這些知識做出更明智的選擇。

大自然賦予我們的神經可塑性讓人類擁有創造新習慣的能力，可以在不斷變化的世界中成長茁壯。我們可以教孩子透過能夠釋放腦內啡、催產素和血清素的健康3C來激發和連結神經迴路；我們可以教他們避開會導致皮質醇釋放的科技，並限制那些讓多巴胺分泌失調的3C；我們可以用攝取食物的習慣來比喻使用3C的習慣。這門學問以及這些解決方案一直都存在我們的心中，不管別人告訴你，你的孩子能力如何或你在人生旅途中遇到任何障礙，這些學問永遠都在。當醫生診斷我的孩子有學習障礙時、當我面臨自己持續惡化的疾病和痛苦時，都得不斷提醒自己這一點：要相信你與生俱來的解決能力，那就是我們的直覺、神經可塑性和內建的回饋迴路所帶來的力量，我們要相信美麗、聰明、有創造力的人類所擁有的力量。

如果你遵循本書中提到的建議，就可以讓孩子在父母的允許下，獲得健康使用科技的能力，他將學會適應任何新的科技生活，並優雅地朝著我們進化的下一章前進。

科技將改變我們這個世界的所有面向，包括政治、文化、教育和人類的大腦等，舊石器時代的祖先在思考火帶來的轉變時，也會有同樣的想法。為了在不斷變化的世界中成長，我們的孩子需要做到自我照顧、與人連結和發揮創意。我們面對的是新的挑戰，然而這個挑戰的答案卻是古老的：認識自己，愛自己。僅此而已。

結語

怎麼讓孩子養成良好的3C使用習慣？

——醫學博士　席米・康

身為父母，我們最重要的角色之一就是幫助孩子準備好進入家庭和社區以外的世界，你的作為會影響數位科技在孩子生活中成為好的或壞的力量。

很多時候，我們會允許孩子將3C用於娛樂，而不是做為幫助他們成長和發展的工具。請記住，孩子在童年養成的習慣是他們未來所有行為的基礎。一些簡單的事情，比如說睡個好覺、在日常生活中安排休息時間，以及在正向的科技使用與現實世界的互動之間取得平衡，都會對他們的行為和感受產生巨大的影響。

你的孩子天生就是社會性動物，天生就喜歡與家人和朋友保持連結，並對周圍的人充滿好奇，幫助他們探索自己的熱情和培養創造力將使他們發現自己獨特的潛力。與人的關係和創造力會為他們的生活帶來目標和意義，並讓他們發育中的大腦充滿多巴胺、腦內啡、催產素和血清素這些帶來快樂的神經化學物質。

這就是他們之所以感到平靜、專注、快樂和有價值的原因，也是他們處於最佳狀態的時候，這樣做不僅能讓我們的孩子健康，也是所有人能夠長壽、健康和幸福的關鍵。

➔ 在以下關鍵領域建立良好的習慣

- 規律的睡眠
- 均衡的飲食
- 充足的水分
- 規律的運動
- 規律的玩耍
- 很多連結和愛

為孩子建立良好的3C使用習慣

- 盡量延遲他開始使用3C的時間，最好等到十幾歲或八年級再開始。
- 讓孩子認識3C之前，先建立他的三大基本技能：時間管理、情緒調節、社交技能。
- 教孩子將3C當作工具，而不是玩具。
- 請記住，如果孩子無法以健康、負責任的方式使用平板電腦和智慧型手機，你有權將它們收回。
- 不應該讓孩子獨自一人使用3C。
- 以日常活動為主、3C為輔，而不是以3C為主、日常活動為輔。

家裡的規則

- 劃分出不能用3C的區域，例如廚房、餐廳、汽車和臥室。
- 規定不能用3C的時間，尤其是在家庭聚餐、寫作業、閱讀和就寢時。
- 將家庭充電站放置在廚房等開放區域。
- 在不使用3C時關閉螢幕，包括待機中的電視螢幕。

- 要求孩子在睡前至少兩小時不能使用3C，並考慮在晚上九點之後關閉無線網路。
- 在家中的所有設備上關閉提醒通知和自動播放功能。
- 安排一天不使用3C。
- 有時候你會無法維持良好的3C使用習慣，這很正常，所以原諒自己，想辦法回到正軌並重新開始就好。

➔ 避免有毒的3C

避免使用會讓你釋放皮質醇的3C，這些科技可能造成壓力、成癮症、錯失恐懼、比較心態、完美主義、一心多用、網路霸凌、社交衝突、孤獨感、姿勢不良、久坐不動、睡眠不足等狀況。

➔ 限制和監督垃圾型3C

限制和監督會讓你釋放多巴胺的3C，例如電玩和社群媒體等，也要注意成癮的風險。

擁抱健康的3C

鼓勵孩子使用透過休息和自我照顧釋放腦內啡的3C、透過與他人有意義的連結釋放催產素的3C，以及透過玩耍和發揮創意釋放血清素的3C。

參考資料

• 引言

針對Z世代所做出的研究數據：Jean Twenge, *iGen: Why Today's Super-Connected Kids Are Growing Up Less Rebellious, More Tolerant, Less Happy—and Completely Unprepared for Adulthood—and What That Means for the Rest of Us*, Atria Books, 2018.

1. 3C如何影響孩子的大腦？

天知道那對我們孩子的大腦有多大影響：Sean Parker, "Sean Parker Unloads on Facebook," interview conducted by Mike Allen at an Axios event, *Axios*, November 9, 2017.

48%的父母表示規範孩子3C使用時間是一場持久戰：The American Psychological Association (APA), "Stress in America: The State of Our Nation," November 1, 2017.

現在大多數的青少年每天會查看手機150次：Stephen Willard, "People Check Their Cell Phones Every Six Minutes, 150 Times a Day," *Elite Daily*, February 11, 2013.

他們每天花超過七小時在智慧型手機上："The Common Sense Census: Media Use by Tweens and Teens, 2019," Common Sense Media, 2019.

幼兒在螢幕前待的時間愈長：John S. Hutton, Jonathon Dudley, and Tzipi Horowitz-Kraus, "Associations Between Screen-Based Media Use and Brain White Matter Integrity in Preschool-Aged Children," *JAMA Pediatrics*, November 4, 2019.

有些家長已經開始聘請輔導老師，幫助他們教出「不使用手機的孩子」：Nellie Bowles, "Now Some Families Are Hiring Coaches to Help Them Raise Phone-Free Children," *New York Times,* July 6, 2019.

2. 小小習慣，蘊含驚人威力

我們每天的活動中有超過四成都只是習慣：David T. Neal, Wendy Wood, and Jeffrey M. Quinn, "Habits—A Repeat Performance," *Current Directions in Psychological Science*, August 1, 2006.

我們成年後對運動的感受：Matthew Ladwig, Panteleimon Ekkekakis, and Spyridoula Vazou, "Childhood Experiences in Physical Education May Have Long-Term Implications," *Medicine and Science in Sports and Exercise*, May 31, 2018.

未來15年內將有三分之一的美國勞工可能因為人工智慧而轉換工作：James Manyika, Susan Lund, Michael Chui, Jacques Bughin, Jonathan Woetzel, Parul Batra, Ryan Ko, and Saurabh Sanghvi, "Jobs Lost, Jobs Gained: What the Future of Work Will Mean for Jobs, Skills, and Wages," McKinsey

Global Institute, November 2017.

六歲以上（含）的兒童和青少年：“Physical Activity Guidelines for Americans, 2nd Edition,” US Department of Health and Human Services, 2018.

3. 3C巨頭不說的祕密——多巴胺

廣州一名17歲少年：Liangyu, “Kings' Honor, but Whose Disgrace?,” *Xinhua*, July 6, 2017.

日本政府估計有115萬名繭居族：“Some Local Governments Successfully Reintegrate ‘Hikkimori’ Back into Society,” *Japan Today*, August 23, 2019.

臉書一份內部報告就透露……的確切時刻：Darren Davidson, “Facebook Targets ‘Insecure’ Young People,” *The Australian*, May 1, 2017.

兒童的非3C遊戲時間下降了25%：Peter Gray, “The Decline of Play and the Rise of Psychopathology,” *The American Journal of Play*, January 1, 2011.

年幼的孩子現在每天花5.5小時在螢幕前：“Daily Media Use Among Children and Teens Up Dramatically from Five Years Ago,” Kaiser Family Foundation, January 20, 2010.

要如何盡可能多消耗你的時間和有意識的注意力：Sean Parker, “Sean Parker Unloads on Facebook,” interview conducted by Mike Allen at an Axios event, *Axios*, November 9, 2017.

這讓科技業主管陷入兩難：Bill Davidow, "Exploiting the Neuroscience of Internet Addiction," *The Atlantic*, July 18, 2012.

由於我們已經在某種程度上了解這些攸關成癮的大腦區域如何運作：Anderson Cooper, "What Is 'Brain Hacking?' Tech Insiders on Why You Should Care," *60 Minutes*, April 9, 2017.

天知道那對我們孩子的大腦有多大影響！：Sean Parker, "Sean Parker Unloads on Facebook," interview conducted by Mike Allen at an Axios event, *Axios*, November 9, 2017.

我們創造出短期的多巴胺……這種回饋機制正在摧毀社會：Amy B. Wang, "Former Facebook VP Says Social Media Is Destroying Society with 'Dopamine-Driven Feedback Loops,'" *Washington Post*, December 12, 2017.

最終極的自由就是自由的心智：Tristan Harris, "How Technology Hijacks People's Minds — From a Magician and Google's Design Ethicist," *The Observer* (Britain), June 1, 2016.

青少年花在螢幕前的時間超過了7個小時："The Common Sense Census: Media Use by Tweens and Teens, 2019," Common Sense Media, 2019.

青少年花在社群媒體和打電玩的時間多於睡覺時間："Media Use Census," Common Sense Media, November 3, 2015.

比起面對面交流，一般孩子花更多時間透過螢幕交流：Ibid.

在２００８年……人們平均每天在手機上花費18分鐘：Adam Alter, *Irresistible: The Rise of Addictive Technology and the Business of Keeping Us Hooked*, Penguin Books, 2018.

到了２０１９年，這個數字增為3小時15分鐘：Jory MacKay, "Screen Time Stats 2019," Rescue Time, March 21, 2019.

大約七成有成癮症狀的年輕人也有心理健康問題：Kevin P. Conway, Joel Swendson, Mathilde M. Husky, Jian-Ping He, and Kathleen R. Merikangas, "Association of Lifetime Mental Health Disorders and Subsequent Alcohol and Illicit Drug Use: Results from the National Comorbidity Survey—Adolescent Supplement," *Journal of the American Academy of Child and Adolescent Psychiatry*, April, 2016.

36%的男孩看過……影片：Debby Herbenick, Elizabeth Bartelt, Tsung-Chieh (Jane) Fu, and Bryant Paul, "Feeling Scared During Sex: Findings from a U.S. Probability Sample of Women and Men Ages 14 to 60," *Journal of Sex and Marital Therapy*, April 2019.

53%的男孩和39%的女孩認為色情片的內容是真實的：Elena Martellozzo, Andy Monaghan, Joanna R. Adler, Julia Davidson, Rodolfo Leyva, and Miranda A.H. Horvath, "A Quantitative and Qualitative Examination of the Impact of Online Pornography on the Values, Attitudes, Beliefs and Behaviours of Children and Young People," Commissioned by the Children's Commissioner for

England, June 2016.

色情成癮者的大腦對色情訊號的反應：Todd Love, Christian Laier, Matthias Brand, Linda Hatch, and Raju Hejela, "Neuroscience of Internet Pornography Addiction: A Review and Update," *Behavioural Sciences*, September 18, 2015.

4. 3C誘發「生存模式」的代價——皮質醇

戰後嬰兒潮和X世代的人們，大約有85％：Jean Twenge, *iGen: Why Today's Super-Connected Kids Are Growing Up Less Rebellious, More Tolerant, Less Happy—and Completely Unprepared for Adulthood—and What That Means for the Rest of Us*, Atria Books, 2018.

高三生中有52％：Ibid.

在２０１７年……39％的人表示他們經常感到孤獨：Ibid.

少女的憂鬱症增加了50％：Ibid.

女孩的自殺率增加了70％：Ibid.

因自殘而入院治療的15至19歲少女增加了62％：Ibid.

10到14歲的女孩：Ibid.

在即將升上大一的新生中，感到「惶恐」的比例在２０１７年上升到41％：Ibid.

久坐的人還是比少坐的人早死機率高出五成：Richard Patterson, Eoin McNamara, Marko Tainio, Thiago Hérick de Sá, Andrea D. Smith, Stephen J. Sharp, Phil Edwards, James Woodcock, Søren Brage, and Katrien Wijndaele, "Sedentary Behaviour and Risk of All-Cause, Cardiovascular and Cancer Mortality, and Incident Type 2 Diabetes: A Systematic Review and Dose Response Meta-Analysis," *European Journal of Epidemiology*, March 28, 2018.

5. 為人療傷止痛的慰藉——腦內啡

高達72%的青少年："Common Sense Report Finds Tech Use Is Cause of Conflict, Concern, Controversy," Common Sense Media, May 3, 2016.

即使智慧型手機處於關機狀態，只要放在身邊：Adrian Ward, Kristen Duke, Ayelet Gneez, and Maarten Bos, "The Mere Presence of One's Own Smartphone Reduces Available Cognitive Capacity," *Journal of the Association for Consumer Research*, April 2017.

大約有九成的大學生說……手機在震動的幻覺：Michelle Drouin, Daren H. Kaiser, and Daniel A. Miller, "Phantom Vibrations Among Undergraduates: Prevalence and Associated Psychological Characteristics," *Computers in Human Behavior*, July 2012.

平均注意力持續的時間從12秒縮短到8秒："Microsoft Attention Spans Online Survey," Microsoft

Canada, Spring 2015.

兒童傷害的案例增加了12%：Ben Worthen, "The Perils of Texting: Are Too Many Parents Distracted by Mobile Devices When They Should Be Watching Their Kids?" *The Wall Street Journal*, September 29, 2012.

那些在吃飯時使用3C的母親：Jenny Radesky, Alison Miller, Katherine Rosenblum, Danielle Appugliese, Nico Kaciroti, and Julie Lumeng, "Maternal Mobile Device Use During a Structured Parent-Child Interaction Task," *Academic Pediatrics*, March 2015.

美國、英國和加拿大大學生追求完美主義的比例：Thomas Curran and Andrew P. Hill, "Perfectionism Is Increasing Over Time: A Meta-Analysis of Birth Cohort Differences from 1989 to 2016," *Psychological Bulletin*, December 28, 2017.

正念不僅可以增強……提高他們的認知能力：D.B. Bellinger, M.S. DeCaro, and P.A. Ralston, "Mindfulness, Anxiety, and High-Stakes Mathematics Performance in the Laboratory and Classroom," *Consciousness and Cognition*, December 2015.

為期八週的正念訓練提升了注意力不足過動症的專注力：John T. Mitchell, Lidia Zylowska, and Scott H. Kollins, "Mindfulness Meditation Training for Attention-Deficit/Hyperactivity Disorder in Adulthood: Current Empirical Support, Treatment Overview, and Future Directions," *Cognitive*

Behavior Practices, May 2015.

冥想改善了過動症兒童的行為，並提升他們的自尊心：Linda Harrison, Ramesh Manocha, and Katja Rubia, “Yoga Meditation as a Family Treatment Programme for Children with Attention Deficit-Hyperactivity Disorder,” *Clinical Child Psychology and Psychiatry*, October 1, 2004.

來自低收入家庭的孩子中，有83%表示：Chia-Liang Dai, Laura A. Nabors, Rebecca A. Vidourek, Keith A. King, and Ching-Chen Chen, “Evaluation of an Afterschool Yoga Program for Children,” *International Journal of Yoga*, July 2015.

進行短暫冥想的大學生：Yi-Yuan Tang, Yinghua Ma, Junhong Wang, Yaxin Fan, Shigang Feng, Qilin Lu, Qingbao Yu, Danni Sui, Mary Rothbart, Ming Fan, and Michael Posner, “Short-Term Meditation Training Improves Attention and Self-Regulation,” *Proceedings of the National Academy of Sciences of the United States of America* (PNAS), October 23, 2007.

笑出來的機率是獨處時的30倍：Robert Provine, “Far from Mere Reactions to Jokes, Hoots and Hollers Are Serious Business: They’re Innate—and Important—Social Tools,” *Psychology Today*, November 1, 2000.

研究一再顯示那些有運動的人：Gretchen Reynolds, “Even a Little Exercise Might Make Us Happier,” *The New York Times*, May 2, 2018.

時常活動的人罹患憂鬱症和焦慮症的風險要低上許多：Felipe B. Schuch, Davy Vancampfort, Joseph Firth, Simon Rosenbaum, Philip B. Ward, Edson S. Silva, and Mats Hallgren, "Physical Activity and Incident Depression: A Meta-Analysis of Prospective Cohort Studies," *The American Journal of Psychiatry*, April 25, 2018.

懷抱感恩的心可以對我們的情緒產生正面的影響：Summer Allen, "The Science of Gratitude: A White Paper," prepared for the John Templeton Foundation by the Greater Good Science Centre at UC Berkeley, May 2018.

單單只是表達感激之情，就算是假裝的：Robert Emmons and Michael McCullough, "Counting Blessings Versus Burdens: An Experimental Investigation of Gratitude and Subjective Well-Being in Daily Life," *Journal of Personality and Social Psychology*, 2003.

6. 別讓3C阻斷「愛的荷爾蒙」——催產素

根據一項研究結果……注射了催產素的母鼠會照顧這些幼鼠：Ksenia Meyza and Ewelina Knapska, "Maternal Behavior: Why Mother Rats Protect Their Children," *eLife*, June 13, 2017.

認知科學家進行了……虛擬接球遊戲：Kirsten Weir, "The Pain of Social Rejection," *Monitor on Psychology*, April 2012.

大約三分之一的囚犯出現了精神病或自殺傾向：Stuart Grassian, "The Psychiatric Effects of Solitary Confinement," *Washington University Journal of Law & Policy*, January 2006.

在社交上孤立的人更易怒：John T. Cacioppo and Stephanie Cacioppo, "Social Relationships and Health: The Toxic Effects of Perceived Social Isolation," *Social and Personality Psychology Compass*, May 15, 2014.

當美國人被問到他們一生中有多少知心好友時：Miller McPherson, Lynn Smith-Lovin, and Matthew E. Brashears, "Social Isolation in America: Changes in Core Discussion Networks Over Two Decades," *American Sociological Review*, June 2006.

有三分之一的人感到孤獨：Judith Shulevitz, "The Lethality of Loneliness: We Now Know How It Can Ravage Our Body and Brain," *The New Republic*, May 12, 2013.

50%的加拿大人說他們「經常感到孤獨」："A Portrait of Social Isolation and Loneliness in Canada Today," Angus Reid Institute, June 17, 2019.

50%的美國人說他們「缺乏陪伴或有意義的關係」："New Cigna Study Reveals Loneliness at Epidemic Levels in America," Cigna Global Health Insurance, May 1, 2018.

在英國……60%的受訪者將寵物列為最親密的同伴：Rob Knight, "New Study Reveals How Pets Are Therapeutic for Lonely, Overworked People and for Those with Little Interaction Outside of

Social Media," *The Independent*, September 20, 2018.

有超過50萬人至少六個月沒有離開家裡或與任何人互動：“Why Won't 541,000 Young Japanese Leave the House?," CNN, September 12, 2016.

孤獨可能比吸菸、空氣污染或肥胖更不利於長壽：Sharon Kiekey, “Researchers Are Working on a Pill for Loneliness, as Studies Suggest the Condition Is Worse Than Obesity," *National Post*, August 12, 2019.

長期孤獨會增加……病逝的風險：Javier Yanguas, Sacramento Pinazo-Henandis, and Francisco José Tarazona-Santabalbina, “The Complexity of Loneliness," *Acta Biomedica*, 2018.

孤獨會使女性的死亡風險增加49%：Julianne Holt-Lunstad, Timothy B. Smith, and J. Bradley Layton, “Social Relationships and Mortality Risk: A Meta-Analytic Review," *PLOS One*, July 27, 2010.

與社會隔絕的孩子……健康狀況也明顯較差：Ayshalom Caspi, Hona Lee Harrington, and Terrie E. Moffitt, “Socially Isolated Children 20 Years Later: Risk of Cardiovascular Disease," *Journal of the American Medical Association*, August 2006.

孤獨和社交孤立是自殺的主要原因：Raffaella Calati, Chiara Ferrari, Marie Brittner, Osmano Oasi, Emilie Olié, André F. Carvalho, and Philippe Courtet, “Suicidal Thoughts and Behaviors and Social

Isolation: A Narrative Review of the Literature," *Journal of Affective Disorders*, February 15, 2019.

當幼兒……能夠學會鼓掌和模仿：Lauren J. Myers, Rachel B. LeWitt, Renee E. Gallo, and Nicole M. Maselli, "Baby FaceTime: Can Toddlers Learn from Online Video Chat?," *Developmental Science*, 2016.

2018年發表的一項研究就著眼於Skype是否能幫助老年人戰勝憂鬱：Alan Teo, Sheila Markwardt, and Ladson Hinton, "Using Skype to Beat the Blues: Longitudinal Data from a National Representative Sample," *The American Journal of Geriatric Psychiatry*, March 2019.

結果證明一個真正的朋友就足以讓焦慮和孤僻的孩子遠離憂鬱：William M. Bukowski, Brett Laursen, and Betsy Hoza, "The Snowball Effect: Friendship Moderates Escalations in Depressed Affect Among Avoidant and Excluded Children," *Development and Psychopathy*, October 1, 2010.

51%的英國人認為大眾的同理心明顯下降了：Robert Booth, "Majority of Britons Think Empathy Is on the Wane," *The Guardian*, October 4, 2018.

擁有同理心的大學生比率下降了40%：Jamil Zaki, "What, Me Care? Young Are Less Empathetic," *Scientific American Mind*, January 1, 2011.

連續五天不看螢幕或使用3C的六年級學生：Yalda Uhls, Minas Michikyan, Jordan Morris, Debra Garcia, Gary W. Small, Eleni Zgourou, and Patricia M. Greenfield, "Five Days at Outdoor Education

Camp Without Screens Improves Preteen Social Skills with Nonverbal Emotion Cues," *Computers in Human Behavior*, October 2014.

推文包含的「道德情感」愈多就愈容易引發憤怒：William J. Brady, Julian A. Wills, John T. Jost, Joshua A. Tucker, and Jay J. Van Bavel, "Emotion Shapes the Diffusion of Moralized Content in Social Networks," *PNAS*, July 11, 2017.

24％的青少年表示他們曾被視為朋友的人性騷擾過：Thomas J. Holt and Andy Henion, "Identifying Predictors of Unwanted Online Sexual Conversations Among Youth Using a Low Self-Control and Routine Activity Framework," *Journal of Contemporary Criminal Justice*, 2015.

害怕在伴侶眼中看起來不好的人……更容易傳送色情簡訊：Michelle Drouin, Jody Ross, and Elizabeth Jenkins, "Sexting: A New, Digital Vehicle for Intimate Partner Violence?", *Computers in Human Behavior*, September, 2015.

7. 激發創造力的泉源——血清素

72％的人員認為今日的孩子擁有假想朋友的比例比五年前少很多：Sarah Young, "Excessive Screen Time Is Killing Children's Imaginations Say Nursery Workers," *The Independent*, August 26, 2019.

研究顯示這些靈光一閃的時刻只有在我們允許大腦漫遊時才會發生：John Kounios and Mark Beeman, *The Eureka Factor: Aha Moments, Creative Insight and the Brain*, Random House, April 14, 2015.

8. 六週養成健康的3C使用法

動機量尺：Centre for Substance Abuse Treatment, "Enhancing Motivation for Change in Substance Abuse Treatment." *Substance Abuse and Mental Health Services Administration/Centre for Substance Abuse Treatment Improvement Protocols (TIP)*, No. 35, 1999.

SMART目標指的是：George T. Doran, "There's a S.M.A.R.T. Way to Write Management's Goals and Objectives." *Management Review (AMA FORUM)*, November, 1981.

權衡利弊：Centre for Substance Abuse Treatment, "Enhancing Motivation for Change in Substance Abuse Treatment." *Substance Abuse and Mental Health Services Administration/Centre for Substance Abuse Treatment Improvement Protocols (TIP)*, No. 35, 1999.

致謝

我相信宇宙間有一股能量將我們所有人連在一起，這種能量可以激勵我們為更大的善與福祉而努力。在我的生活中，我得到許多人的指導和幫助，我非常感謝這些人給我的愛和知識。

這本書之所以能完成，全仰賴一個傑出的團隊所付出的努力。首先，我必須感謝我勇敢的編輯蘿拉・朵斯基（Laura Dosky）和才華橫溢的共同作者南西・麥道納（Nancy Macdonald），這本書展現了你們的胸懷和睿智，你們應該引以為傲。我要謝謝尼克・蓋里森（Nick Garrison），是你把我們聚集在一起，感謝你對我的信任。我的經紀人吉姆・萊文（Jim Levine），我將永遠尊敬你、感激你，是你為我打開成為作家的大門。感謝企鵝藍燈書屋（Penguin Random House）、萊文・格林伯格・羅斯坦（Levine Greenberg Rostan）和「海豚孩子」（Dolphin Kids: Future-Ready Leaders）的團隊，在他們的協助下才能讓這本書快速孕育與發行。感謝 Elyse Cochrane、Aman Malhotra、Justin Bains、Aanikh Kler、Amaan Kler、Joesh S. Khunkhun 和 Zoravaar S. Sooch 提供的深入研究、評論和支持。我永遠感謝我龐大的醫療保健專家團隊、我的婆婆、所有家人和關心我的朋友，他們幫助我在生病多年後重建身心。喬・迪斯本札醫師（Dr. Joe Dispenza）、絲娜坦・廓爾（Snatam Kaur）和席琳娜・泰勒（Selina Taylor），感謝你們所有人的愛和治癒。

一如既往，我要感謝最親愛的丈夫吉文・S・古罕（Jeevan S. Khunkhun），你一直是我的頭號粉絲和知己，感謝你總是在我人生最黑暗的日子裡成為我的光。致我的孩子們，喬許、傑耶弗和吉雅，你們是這本書的靈感來源，你們的擁抱、親吻、純潔的心靈以及對這個古怪母親的堅定支持無數次地鼓舞了我。這本書之所以會誕生是出自全世界的家長和教育工作者的關切，他們勇敢提出質疑並希望獲得答案。我感謝所有不在乎世俗眼光、不放棄我們孩子的人。

國家圖書館出版品預行編目資料

哈佛媽媽的聰明 3C 教養法：3C 如何影響 0～25 歲成長荷爾蒙？六週聰明科技習慣養成計畫 / 席米．康 (Shimi Kang, M.D.) 作；邱佳皇譯 . -- 初版 . -- 臺北市：三采文化股份有限公司 , 2023.08
面； 公分
譯自：The Tech Solution: Creating Healthy Habits for Kids Growing Up in a Digital World
ISBN 978-626-358-140-1(平裝)

1.CST: 親職教育 2.CST: 親子關係 3.CST: 網路沈迷

528.2 112010281

◎封面圖片提供：
japolia – stock.adobe.com
◎作者照片提供：
Monique St. Croix

suncolor 三采文化

親子共學堂 43

哈佛媽媽的聰明 3C 教養法

3C 如何影響 0～25 歲成長荷爾蒙？六週聰明科技習慣養成計畫

作者｜席米・康（Shimi Kang, M.D.） 譯者｜邱佳皇
編輯三部主編｜喬郁珊 資深編輯｜王惠民 版權選書｜杜曉涵
美術主編｜藍秀婷 封面設計｜李蕙雲 內頁版型｜謝孃瑩
內頁排版｜菩薩蠻電腦科技有限公司 校對｜周貝桂

發行人｜張輝明 總編輯長｜曾雅青 發行所｜三采文化股份有限公司
地址｜台北市內湖區瑞光路 513 巷 33 號 8 樓
傳訊｜TEL：（02）8797-1234 FAX：（02）8797-1688 網址｜www.suncolor.com.tw
郵政劃撥｜帳號：14319060 戶名：三采文化股份有限公司
初版發行｜2023 年 8 月 31 日 定價｜NT$450
4 刷｜2024 年 6 月 30 日